本书系“中国古代体育文物调查与数据库建设”项目成果（项目号：15ZDB146）

《中国古代体育文物·华南卷》编委会

主编：毛丽娟

本卷主编：李金梅　路志峻

本卷副主编：郑志刚

课题组成员：

深圳职业技术学院：路志峻　郑志刚　廖　培　阴晓林　李金梅

贵阳康养职业大学：李　文

上海体育学院：杨亮斌　蔡丽华

华南师范大学：马廉祯

广东警官学院：曹　华

中国古代体育文物

主编：毛丽娟　本卷主编：李金梅　路志峻

华南卷

读者出版传媒股份有限公司
甘肃教育出版社

图书在版编目（CIP）数据

中国古代体育文物. 华南卷 / 毛丽娟主编 ; 李金梅，路志峻本卷主编. -- 兰州 : 甘肃教育出版社, 2022.4
ISBN 978-7-5423-5035-0

Ⅰ. ①中… Ⅱ. ①毛… ②李… ③路… Ⅲ. ①古代体育－文物－华南地区 Ⅳ. ①K875.4

中国版本图书馆CIP数据核字(2021)第013495号

中国古代体育文物·华南卷
主　　编　毛丽娟
本卷主编　李金梅　路志峻

项目策划　薛英昭　孙宝岩
项目负责　谢　璟
责任编辑　秦才郎加
封面设计　石　璞

出　版　甘肃教育出版社
社　址　兰州市读者大道568号　730030
网　址　www.gseph.cn　E-mail　gseph@duzhe.cn
电　话　0931-8436489(编辑部)　0931-8773056(发行部)
传　真　0931-8435009
淘宝官方旗舰店　http://shop111038270.taobao.com

发　行　甘肃教育出版社　　印　刷　兰州人民印刷厂
开　本　890毫米×1240毫米　1/16　印　张　12.5　插　页　4　字　数　215千
版　次　2022年4月第1版
印　次　2022年4月第1次印刷
印　数　1~1 000
书　号　ISBN 978-7-5423-5035-0　　定　价　130.00元

总 序

首席专家 毛丽娟

中国文化历来讲究器以载道，物以承文。体育文物，是人类创造的物质文化和精神文化的物化遗存，作为一定历史时期的社会产物，它也是人类社会历史的一种凝固形态的展现。除了其固有的审美和体育价值外，体育文物还蕴含着丰富多彩的历史、科技、文化等文明信息。以此出发，我们对体育文物的科学研究，除了要更好地保存其物化形态，更重要的是要将其放在相应的时代背景下考察，探寻体育文物赖以产生和存在的社会历史状态，解读它所承载的诸多文明信息。作为一种有着悠久历史的古老文化，中华民族传统体育文化具有民间性、民俗性、民族性和娱乐性，是中华民族传统文化的重要组成部分。

近几十年来，随着我国体育文物在考古中的发掘、发现，体育文物研究已为海内外同行所瞩目。究其原因，文物资料较之文献资料而言，既具实证性、可信度，又形象可感，是研究体育发展、体育文化和人类古代体育活动不可或缺的“新材料”，尤其是体育历史的研究更应好好利用体育文物。

体育文物研究的对象很广，从玉器、陶器、瓷器、青铜器、铁器、金银器、木器、骨角器、竹器，到岩画、壁画、砖画、石刻、简牍等，都在研究范围之列。这些文物按时代来分，可分为史前时期体育文物和历史时期体育文物；按存在形态来分，可分为不可移动文物和可移动文物。但基本包括了地下出土文物与地上文物两大类。出土文物有偶发性、不可再生性，数量相对固定，但随着考古学的发展和人们对文物资料的日益重视，散见于各地的体育文物的再发现和再增加，将为今后的体育历史研究提供更加广阔的空间。

在体育文物研究中，最大的问题是如何正确解释文物与体育之间的关系。尤其是在对古代体育的研究上，要正确地认识和恰当地解释体育文物的功用，必须要有丰富的文献资料相佐证。因而在体育文物研究中，文献资料与文物资料都是不可缺少的。

我国拥有大量的体育文物。这些体育文物见证了我国的悠久历史和灿烂文化，是我们进行体育历史文化研究的重要实物物证。它们在以自己的真实性和形象性帮助人们认识我国体育历史和文化的同时，对于我们提高民族自信心、增强民族自豪感、振奋民族精神也发挥着无可替代的作用。

为切实了解我国现存体育文物的状况并对其进行研究，2015 年 11 月 5 日，由上海体育学院承担的“中国古代体育文物调查与数据库建设”重大项目获得了国家社科规划办的立项（项目号：15ZDB146）。此后，上海体育学院联合全国 30 余所大专院校和文博机构的专家学者，分区对全国各地的古代体育文物进行了大规模、长时间、内容广泛的调研。在各地文博部门的大力支持和广大体育专家学者的辛勤努力下，此次体育文物调研工作取得了前所未有的成绩。为了对此次体育文物调研成果进行系统整理和科学总结，“中国古代体育文物调查与数据库建设”课题组编写了这套“中国古代体育文物”丛书。作为“中国古代体育文物调查与数据库建设”项目的成果之一，本套丛书分别为西北卷、西南卷、华南卷、华东卷、华北卷、东北卷、华中卷、武艺卷和综合卷。

丛书力图运用图像形式，对本次体育文物调研所获的大量实物资料进行科学的概括和整理，较为全面地记录中国已知的现存古代体育文物状况，反映中国古代体育文物的重大发现和研究成果。

编辑出版多卷本大型体育文物图集在我国尚属首次。作为一项极其复杂艰巨的工作，书中难免有错，不妥之处敬祈广大读者批评指正。

前言

本卷主编 李金梅 路志峻

华南地区，位于中国南部，简称“华南”，主要包括广东省、广西壮族自治区、中国香港特别行政区、中国澳门特别行政区、海南省及临近海岛。很多时候，中国台湾地区名义上被列入华东地区，因台湾在文化、风俗、血缘和人员流动等方面，多属于华南板块，故此，本课题根据研究的需要，将台湾归入华南地区之研究范围。

广东地处中国南部，背靠逶迤五岭，前临浩瀚南海，历史悠久，又是近代中国社会变革的起源地之一。凭借优越的地理位置，广东地区海上贸易经久不衰，中外经济文化交流活跃，从而形成了绚丽多姿的岭南文化，留下了丰富的文物遗存。中华人民共和国成立前，学术界多认为广东的远古文物遗存寥寥无几。经过研究人员数十年的考古调查发掘，获得了丰富的实物资料，改变了人们过去的看法。马坝人头骨等的发现，证明了在10多万年以前祖先们就在广东这块土地上劳动生息。在广东发现的新石器时代遗址有400余处。最著名的曲江马坝石峡遗址，出土文物数量多且富有特色，有多种炊煮器、饮食器和磨制精致、种类繁多的玉石器等，被命名为“石峡文化”。广东还发现众多青铜器，出土地点有500余处，遍及全省各个地区。1962年春在清远三坑马头岗集中出土了25件春秋时代的青铜器，引起了考古界的关注。此后又在连平、曲江、佛冈、罗定、信宜、四会、广宁、封开、博罗、始兴、乐昌、饶平等市县进一步发现了青铜器及铸范，其中饶平出土的属“浮滨文化”的商周青铜戈和信宜出土的西周浮雕饕餮纹蟠螭钮铜盉年代最早，肇庆松山战国墓出土的青铜器最为丰富，随葬品达百件以上，错银铜叠、铜提梁壶、三足铜盘等都很精美，与楚文化有着密切的联系，附耳铜提筩具有明显的地方特色。汉至清代的文物，广东更有大量出土，由此可以探寻到广东古代文明发展的轨迹。

广州珍藏的文物中，有出自广州东郊区庄一座秦墓中的戈，戈上刻有（秦始皇）“十四年属邦”等铭文；有出自象岗西汉南越王墓中的戈，戈上刻有（秦惠文王后元）“王四年相邦张义”等铭文。张义即张仪，与苏秦同为战国时期著名的纵横家。这是岭南地区考古发现中仅有的有秦纪年的两件青铜兵器。

广西壮族自治区（以下简称“广西”）地处我国大陆最南部，南临南海北部湾，西南与越南社会主义共和国接壤。从考古发现的百色古人类遗址可知，早在70万年前广西就有原始人类生息了。距今5万年左右的“柳江人”，属新石器时代晚期。距今2.1万年的“麒麟山人”已学会和使用钻孔与磨尖的石器。桂林甑皮岩遗址则说明约1万至6000年前，广西古人类已开始从事原始的农业、畜牧业和制陶业。

秦始皇统一岭南后，今广西地域主要分属桂林郡和象郡。汉初，代行南海尉赵佗起兵兼并桂林郡、象郡，建立了南越国。今广西大部分地区隶属于南越国。元鼎六年（公元前111年）汉武帝平定南越，苍梧广信成为交趾刺史部9郡的行政中心。西汉时，合浦是我国“海上丝调之路”的始发港之一，古骆越人从战国时开始绘制的左江崖壁画大约完成于此时。同时，在左江崖壁画中绘有大量环首刀、长剑、扁茎短剑、矛等，对研究我国武术史大有裨益；岩画中还有佩戴面具类似傩舞舞者的形象，还有数人竞渡的生动姿态，以及祭祀的集体舞蹈，这些都是我们研究古代体育文化的第一手资料。

广西珍藏的文物中，扁茎短剑是骆越文化中最有代表性的器物之一，是在中原地区青铜剑的形态与功能的基础上改进而成。其形制独特、结构合理、功能实用，反映了骆越青铜铸造技术日趋成熟。

在武鸣安等秧墓葬、独山岩洞葬中曾出土了一些带“王”字的青铜矛，这类矛的形制是由岭南以北地区传入的，很可能源于越国。“王”字青铜器的发现，意味着此时的王权观念已经在骆越地区传播开来。

钺对于中原文化和百越文化均有特殊的意义，通常作为礼器，是权力的象征。广西出土的斧形钺是典型的中原造型，有别于凤形钺、靴形钺，是中原文化传入本地的一个重要佐证。

产生于公元前7世纪的铜鼓是我国南方和东南亚地区珍贵的古代文化遗存，它见证了这一地域 2700 多年的变迁。铜鼓是乐器、祭器和权力重器，又是综合性的艺术品，集雕塑、绘画、音乐、舞蹈于一身，是文化艺术中的瑰宝。中国是世界上铸造使用铜鼓历史最悠久、保存最多的国家，也是拥有铜鼓历史文献最丰富的国家。广西壮族自治区博物馆藏有 770 多面铜鼓，铜鼓纹饰除了装饰以外，一些写实纹样蕴含着丰富的社会历史内容，如石寨山型鼓的船纹，与水上祭祀活动有关，可称为“祭祀船纹”；而羽人舞蹈纹，则可看作是祭祀场合娱神的实录，如西林 280 号鼓，鼓腰上有 20 名舞者形象，丰富、清晰的舞蹈动作，诠释了栩栩如生的图腾祭祀活动；船纹有举羽杖舞祭山川，有持弓而射的求雨仪式，还有鸟舟竞渡的激烈场面，在有限的空间中展现出丰富的水上祭祀情景。

通过华南地区各民族体育文化的发展进程可以看到，从最早的石器、岩画和陶器，到秦汉、隋唐、宋元、明清时期的遗物、遗迹等，有许多是直接展示体育表演和比赛活动内容的实物遗存，正是通过这些形象直观的遗物、遗迹，我们对这一地域的体育由孕育走向成熟的规律和特征有了更全面、深入的了解。通过对这些不同的文化形态的融合、变化进行研究，可以得到大量有关华南地区体育文化形态发展、演变的线索。

我们不难看出，华南地区的古代体育遗物和遗迹具有较高的文化价值。它不仅记录着华南地区的历史，也传承着优秀的民族文化，并且使我们对很多现代的娱乐活动、体育竞技等有了更为深入的认识，同时也为今后进一步全面了解我国华南地区的古代体育文化提供了更新的、更珍贵的资料。

凡例

一、本图录文物图版的选定，主要以近年来华南地区考古发掘中有代表性的体育文物为主，同时有针对性地选择了一批国内外各文博、收藏机构中传世的、较具特色的中国古代体育文物，下限至清代末年。

二、本图录全部图版按古代体育运动的项目内容分为原始体育、古代游戏与娱乐、博弈文化、传统武术、竞技体育 5 部分，共计 30 余项运动形式。

三、本图录共收录图版 200 余幅，每幅图版均附有名称、时代（部分）、出土地点或收藏单位等文字说明。

四、本图录图版的文字说明，是在吸收了国内外历史学界、文化史学界、考古学界和体育史学界同类研究成果的基础上编写而成的。

五、为便于国内外研究者查阅参考，图版目录后附有参考文献。

目录

第一章 华南地区的原始体育

原始体育形态，是随着人类社会的产生而产生的。在原始社会初期，人类在生产劳动和社会实践活动中形成某些体育的雏形，例如，奔跑能使人们逃脱凶猛野兽的追击，还能追逐猎物和获取食物。同时，人们在打猎中学会利用各种各样的物体当武器，开始是石块、棍棒，而后是矛。人们在狩猎中还发明了弓箭，并通过不断地实践和改进，使箭不仅能射得远而且能射得准，大大提高了杀伤力。

跑、跳、投、射、舞等原始生活所必须的体能训练项目，启迪了祖先们的竞技体育理念。另外，用于生产实践活动中的某些原始工具向原始体育活动器械的功能转化，进一步催化了体育的形成和发展。

一、石器中的原始体育

约在旧石器时代晚期，广西邕江两岸出现了早期的原始人类。他们穴居野外，使用简单、粗糙的打制石器，过着渔猎采集的原始生活。距今七八千年左右，集中在江河交汇处地势较高的坡地或台地上的顶蛳山遗址、豹子头遗址、灰窑田遗址、凌屋遗址等出土了一些石器。这些石器从生产工具到军事武器的嬗变，从侧面反映了这一地区社会发展与军事、武器的关系，同时也展现了这一区域原始体育形成和演变的过程。

图 1–1　新石器时代　石斧　灰窑田遗址出土

图 1–2　新石器时代　石锛　灰窑田遗址出土

图 1-3　新石器时代　石锛　灰窑田遗址出土

图 1-4　新石器时代　石锛　灰窑田遗址出土

二、岩画中的原始体育

岩画，是指绘制或刻制于岩石上的图像。岩画是现存最早的图像形式，它是表述人类意识性和精神性存在的最早的“物质文明”。原始岩画最早产生的时候，只是为了描述在虚幻状态里的源于生活中所见所闻的变异图像，在精神上把它作为一种神秘化的现象来对待，是人类审美文化中原始审美意识的表现，也是人类体育的最早的一种表现形式。

华南地区的石壁上所凿刻和绘制的狩猎、舞蹈、御术、马术、武艺、水上运动等图像都是当时人们劳动生活的原始体育形态，这些原始体育形态体现着该地区人类特定发展阶段的一些共同心理现象和文化现象，同时也印证了体育伴随人类生产、生活形成和发展的合理性与必然性。

华南地区的岩画大多分布在以山地型岩画为主的广西，以海洋性岩画为主的广东、海南和港澳台地区，大多为民族聚居区。不同地区的岩画在遗存形式、内容题材、年代范围等方面也都有一定的差异。

岩画内容这一部分需按照项目的类别排入，此处不再全部集中列出。

图 1-5　广西壮族自治区崇左市宁明县花山岩画(局部)

图 1-6 广西壮族自治区崇左市宁明县花山岩画(局部)

图 1-7　广西壮族自治区崇左市龙州县左江西岸岩画(局部)

图 1-8　广西壮族自治区崇左市宁明县花山岩画(局部)

三、陶器中的原始体育

陶器在史前时代与人们的衣食住行有着密切的联系，是当时人们重要的生活用具之一，它不仅满足了人们的日常生活需要，同时也与人们的文化生活、娱乐和生产实践密切相关，成为人们的艺术创造和生产工具。陶器不仅为人类早期的文明保存了珍贵的实物证据，也为当今的体育史研究提供了早期重要的信息。

图 1-9　汉　南越国时期陶鼓　广州博物馆藏

华南地区的陶器主要分布于广东、广西等地区，其中，广东就出土有南越国时期的陶鼓、陶熏炉等陶器。

第二章 华南地区的古代游戏与娱乐

古代游戏与娱乐的许多内容与体育同源但性质不同，其主要强调娱乐休闲，不以竞赛为目的，是人的一种愉悦的心理和精神体验，是人的生命的一种存在和升华。华南地区所流传下来的古代游戏与娱乐的资料，为弘扬中华民族悠久而灿烂的文化起到了积极的作用。

古代的游戏娱乐活动，是通过对自然界动植物的赏玩、品鉴、竞斗等活动来达到休闲娱乐目的的，像游春、踏舞、舞狮、赏月、印沙、打花鼓、骑竹马、放风筝、荡秋千、推枣磨、拖冰船、抽陀螺、踢毽子、垂钓、投壶、斗花、斗虫、捉迷藏等都属于此类活动。

一、踏舞、踏青、舞狮、赏月、印沙、推枣磨、拖冰床

1. 踏舞

亦作“蹋舞”。踏舞是以足踏地为节奏，连臂而歌舞。它是一种“相抱聚蹈”“踏地为节”的集体歌舞活动，其特点是用踏步来加强拍子，反复唱一个调，或以鼓乐伴奏来协调节拍与动作。中国最早的关于踏舞的记载是成书于汉晋时期的《西京杂记》；元袁桷《客舍书事》中有：“日斜看不足，蹋舞共扶携。”就记载了夕阳下踏舞的场景。踏舞是深受人们喜爱的随意性比较强的舞蹈。踏舞者手袖相连，踏地为节，边歌边舞，令人陶醉。

华南地区广东曲江出土的青铜时代早期陶瓷上就绘有手拉手的舞蹈纹。

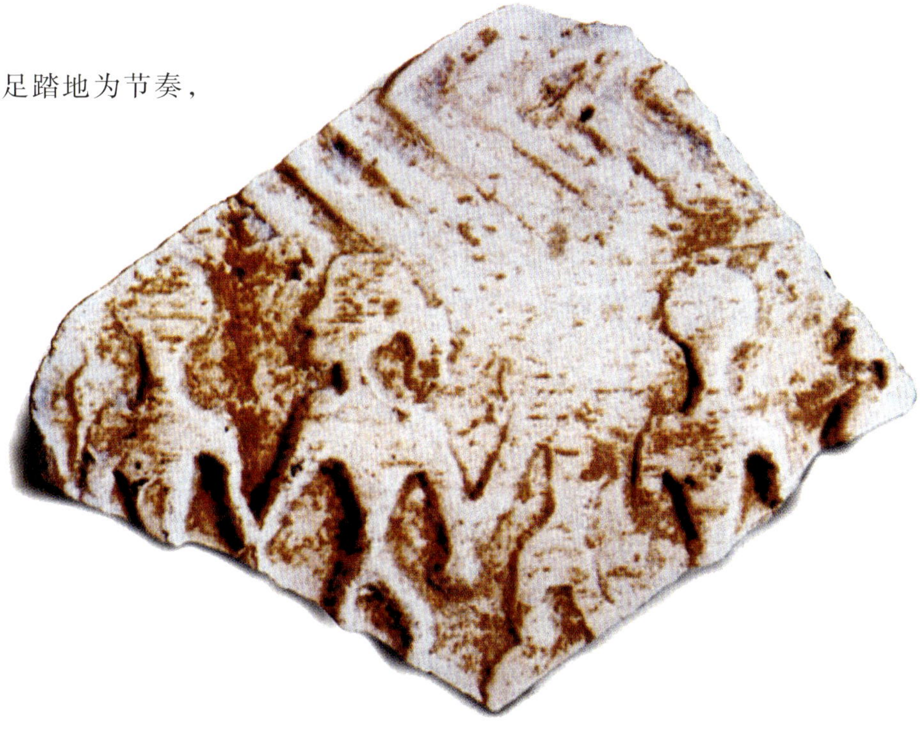

图 2-1　青铜时代早期　舞蹈纹陶片　广东省韶关市曲江区出土

图 2-2 青铜时代早期 舞蹈纹陶片 拓片

2. 踏青

踏青为春日郊游，也称“踏春”，是指初春时到郊外散步游玩。踏青这种节令性的民俗活动，其根源是远古农耕祭祀的迎春习俗，在我国有着悠久的历史。《尚书大传》曰：“东方为春，春者，出也，万物之所出也。”在西周，万物萌动之时，迎春郊游于野外就已成为礼制。

踏青的起源，也与上巳节的出现有关。上巳节，日期为三月的第一个巳日，故而得名。其源头可追溯到远古，即夏代之前的母系氏族时期的男女择偶制度；隋唐时期，踏青已是一项十分普及的民俗活动。踏青这一习俗一直延传至今，并已成为我国现代休闲体育活动的重要内容之一。

广东省博物馆收藏有明清时期踏春图，台北故宫博物院收藏有唐、宋、元、明、清等时期表现迎春郊游、牧童春归的绘画。

图 2-3 唐 《春郊游骑图》 绢本设色 台北故宫博物院藏

图 2–4　五代　赵岩　《八达春游图》（局部）　绢本设色　台北故宫博物院藏

图 2–5　北宋　李公麟　《丽人行》(局部)　绢本设色　台北故宫博物院藏

图 2-6 元 赵雍 《春郊游骑图》 绢本设色 台北故宫博物院藏

图 2-7　明　《踏青图》(局部)　绢本设色　台北故宫博物院藏

图 2-8 清 改琦 《仕女册》之《莲香出游图》 纸本设色 广东省博物馆藏

图 2–9　清　王翚　《临刘松年溪林散牧图》(局部)　广东省博物馆藏

3. 舞狮

狮舞是一种拟兽表演舞，即由人装扮模拟狮子的形象而进行的表演。在我国老百姓的观念中，狮子向来被视为“瑞兽”，是威武吉祥的象征，在舞狮活动中寄托着民众消灾除害、求吉纳福的美好意愿。狮舞至今已有1000多年的历史，是我国优秀的民族传统艺术。在漫长的传承过程中，狮舞大致也形成了南北两种表演风格，成为中国最广为流传的民间舞蹈之一。

台北故宫博物院所藏的清代绘画中就有表现儿童舞狮娱乐的场景。

图 2–10　元　《驯狮图》　台北故宫博物院藏

图 2-11 清 《灯辉绮节》(局部) 绢本设色 台北故宫博物院藏

4. 赏月

中秋节是我国古老的民俗节日，赏月、拜月是节日主要的民俗游艺活动。民间中秋赏月活动约始于魏晋时期，盛于唐朝。许多诗人都有描写中秋月夜的诗作，宋代、明代、清代宫廷和民间赏月活动更具规模。

台湾地区藏有的明、清时代绘画中就有表现妇女登高赏月的娱乐场景。

5. 印沙

印沙是指在海边或沙滩印佛塔、佛像。印沙只需把有佛像或佛塔形状的模子往沙上一捺，即可完成。《法华经·方便品》曰："乃至童子戏，聚沙为佛塔，如是诸人等，皆已成佛道。"在古代，印沙是儿童很喜爱的娱乐游戏活动之一。

台北故宫博物院藏有的宋代绘画中就有表现儿童堆沙的娱乐场景。

图 2-12 宋 苏汉臣《灌佛婴戏图》 绢本设色 台北故宫博物院藏

6. 推枣磨

推枣磨，是宋代儿童玩的一种小游戏。玩法是用3颗枣，1颗削一半，露出核，两颗插在竹篾两段，然后把竹篾放在枣核上，推着让它转圈圈。现藏台北故宫博物院的《秋庭婴戏图》就描绘了孩童二人，一衣白，一衣红，正头挨头，弯身倚在圆形漆凳上推枣磨为戏。画中他们全神凝注，眼神都集中在推枣磨游戏上。

图 2–13　宋　苏汉臣《秋庭婴戏图》绢本设色　台北故宫博物院藏

7. 拖冰床

冰床，也称“凌床”“冰爬犁”“冰排子”，拖冰床是古代冬季人们在冰上开展的一项游戏。宋人沈括在《梦溪笔谈》卷二三《讥谑》中就有记载：“冬月作小坐床，冰上拽之，谓之凌床。余尝按察河朔，见挽床者相属，问其所用，曰：‘此运使凌床’，‘此提刑凌床’也。闻者莫不掩口。”明、清时代拖冰床活动更加普及，冰床形制多样，游戏形式丰富，有时甚至成了护城冰河上人们的交通工具。

台北故宫博物院所藏的清代绘画中就有表现人们拖冰床娱乐的场景。

图 2–14　清　《十二月令图轴》(局部)　绢本浅设色　台北故宫博物院藏

二、投壶、打花鼓、骑竹马、放风筝、荡秋千、斗花草、斗虫、抽陀螺、踢毽子、垂钓、捉迷藏

1. 投壶

投壶是由古代射礼演变而来的一种宴集投掷游戏，在战国时期较为盛行，后在唐朝得到发扬光大。投壶是把箭投向壶中，以投中的箭数多少来决定胜负的一种游戏。赢者得筹，负者罚饮酒。投壶设有专门裁判记分，以 12 筹满，一局定胜负。

台北故宫博物院就藏有南宋的修内司官窑投壶和明代的龙泉窑投壶。

图 2-15　南宋　修内司官窑月白投壶　高 12.2 厘米　口径 22 厘米　深 11.3 厘米　足 4.8 厘米　台北故宫博物院藏

图 2-16　明　龙泉窑青瓷划花投壶　高 33.2 厘米　口径 9.6 厘米　底径 13.4 厘米　台北故宫博物院藏

2. 打花鼓

花鼓舞是我国民间的一种歌舞。以鼓伴奏，边歌边舞。南宋吴自牧著《梦粱录》中有临安节日中百戏艺人表演花鼓的记载。明代传奇《红梅记》中有扮演安徽人打花鼓唱曲的情节；清代的《燕九竹枝词》中有“小鼓花腔说凤阳”之句。不同的地区有不同的花鼓调，各有不同的风格。

台北故宫博物院就藏有一幅表现打花鼓情景的绘画。

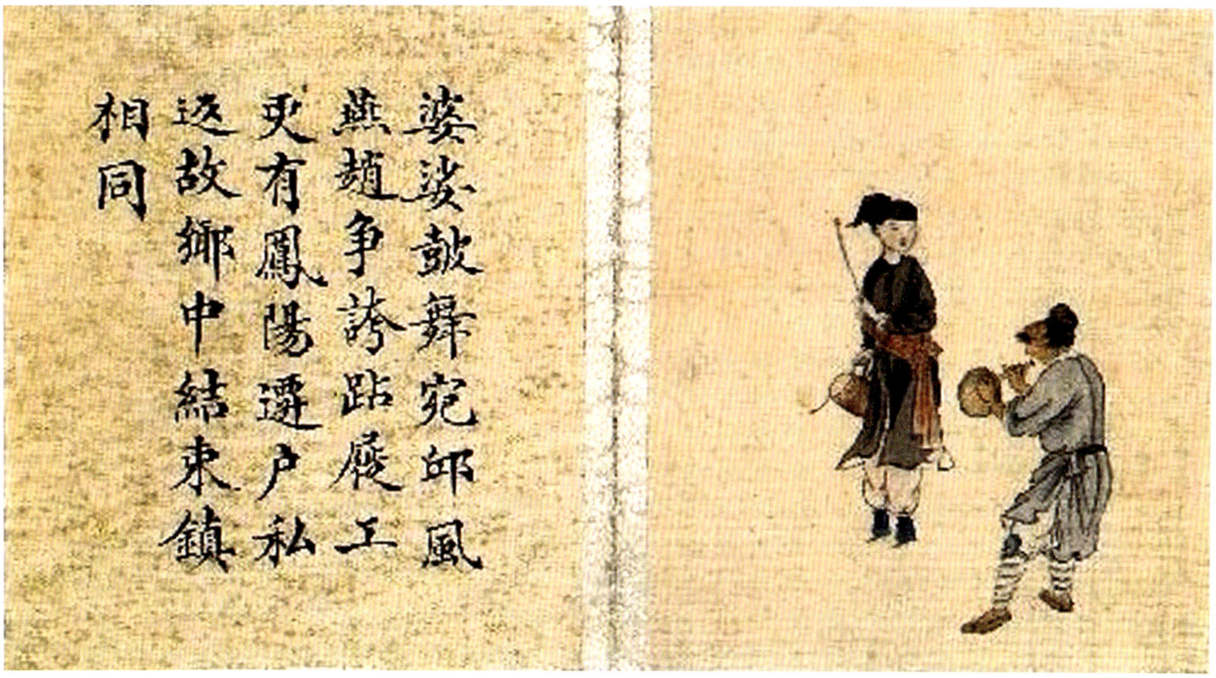

图 2-17 《打花鼓》 台北故宫博物院藏

3. 骑竹马

图 2-18 宋 苏汉臣 《长春百子图》(局部) 绢本设色 台北故宫博物院藏

儿童模仿成人骑马姿势而创造出来的一种游戏被称之为“骑竹马”。骑竹马是古代较为常见的儿童游戏之一。游戏的方法是将一根竹竿放在胯下两腿之间，一手执身前部分，使竹竿的后稍曳地，一手作扬鞭状，催“马”奔跑。也有上方套有木马头，后面装有小轱辘的小木马。唐以后至清，儿童骑竹马(骑木马)游戏非常盛行。

台北故宫博物院就藏有多幅表现宋、明、清时期儿童骑木马玩耍场景的绘画；广东省博物馆所藏的明嘉靖青花孩童纹大罐上也绘有骑竹马的生动场景。

图 2-20 明 青花婴戏图梅瓶 桂林博物馆藏

图 2-19 明 仇英 《婴戏图》(局部) 绢本设色 台北故宫博物院藏

图 2-21 明 青花婴戏图梅瓶 桂林博物馆藏

图 2-22 明 青花孩童纹大罐 高 34.8 厘米 口径 27 厘米 广东省博物馆藏

图 2-23 清 金廷标《婴戏图》(局部) 纸本设色 台北故宫博物院藏

图 2-24　清　《升平乐事图》(局部)　绢本设色　台北故宫博物院藏

4. 放风筝

风筝，又名“飞鸢”“纸鸢”等，放风筝是我国民间广为盛行的一项传统娱乐活动。据《墨子·鲁问》记载，能工巧匠鲁班就曾用竹子制成木鸢飞上天空。放风筝，本是一种禳灾的巫术行为。到南北朝时，风筝开始成为传递信息的工具；从隋唐开始，由于造纸业的发达，民间开始用纸来裱糊风筝；到了宋代的时候，放风筝成为人们喜爱的户外活动；明清时期，放风筝活动变得更为普遍，成为儿童们特别喜爱的游戏之一。

台北故宫博物院所藏清代绘画中有表现妇女儿童放风筝的场景。

图 2-25　清　《升平乐事图》(局部)　绢本设色　台北故宫博物院藏

5. 荡秋千

荡秋千是一种古老的民间游戏。据《古今艺术图》称：“秋千，北方山戎之戏，以习轻娇者。齐桓公伐山戎，始传入中国”。这就是说秋千是在春秋战国时期从北方民族地区传入中原的。因其简单易学，故而深受古代人们的喜爱。西汉之初传入宫中，成为后宫人们休闲娱乐的活动之一。荡秋千历史悠久，不仅深受妇女的喜爱，也是少年儿童所热衷的一项体育游戏活动。

台北故宫博物院、台湾文渊阁藏有宋、明、清时期表现妇女荡秋千场景的绘画和象牙作品。

图 2–26　明　吴彬　《月令图》(局部)　绢本设色　台北故宫博物院藏

图 2-27　清　丁观鹏 《仿仇英汉宫春晓图》(局部)　台北故宫博物院藏

图 2-28　清　《十二月令图轴》(局部)　绢本浅设色　台北故宫博物院藏

图 2-29 宋 苏汉臣 《长春百子图》(局部) 绢本设色 台北故宫博物院藏

图 2–30 清 《十二月令图轴》(局部) 绢本浅设色 台北故宫博物院藏

图 2–31 清 秋千(象牙制) 台湾文渊阁藏

6. 斗花草

斗花草也称“斗百草”或“斗草”。据《荆楚岁时记》载：“五月五日，四民并蹋百草，又有斗百草之戏。”这说明斗花草游戏早在魏晋南北朝时期就已经在民间流行了。斗花草一种是比试草茎的韧性，另一种是比赛采摘的花草的花色、品种。游戏既可以使人们增长有关植物药性的知识，又能锻炼身体，益于身心健康，深受人们的喜爱。

台北故宫博物院所藏宋代、明代、清代绘画中有表现妇女、儿童斗花草的娱乐场景。

图 2–32 宋 苏汉臣 《长春百子图》(局部) 绢本设色 台北故宫博物院藏

图 2–33 明 仇英 《汉宫春晓图》(局部) 绢本重彩 台北故宫博物院藏

图 2–34 清 丁观鹏 《仿仇英汉宫春晓图》(局部) 台北故宫博物院藏

7. 斗虫

在我国先秦时期，人们就有以训练昆虫作为游戏的习俗，古代文献中对此都有详细记载。当时以昆虫相斗作为游戏的有斗蟋蟀、斗蜘蛛、斗蝉、斗蚂蚁等，深受儿童的喜爱。

台北故宫博物院所藏宋代绘画中有表现儿童斗虫的娱乐场景。

图 2–35　宋　苏汉臣　《长春百子图》(局部)　绢本设色　台北故宫博物院藏

图 2–36 宋 苏汉臣 《秋庭婴戏图》(局部) 绢本设色 台北故宫博物院藏

图 2–37 宋 苏汉臣 《秋庭戏婴图》(局部) 绢本设色 台北故宫博物院藏

8. 抽陀螺

抽陀螺是一种古老的民俗游戏活动，游戏的玩法是用鞭子连续抽击一圆锥物体，使之在平滑的地面上旋转。距今约五六千年的山西省夏县西阴村遗址中就曾出土了陶制小陀螺。陀螺有陶制、木制、竹制、石制等，以木制居多。木制陀螺为圆锥形，上大下小，锥端常加铁钉或钢珠。玩耍时，以绳绕陀螺使其旋转于地，再以绳抽打，使之旋转不停。其特点是抽打得越狠旋转得越快，深受少年儿童的喜爱。

台北故宫博物院所藏宋代绘画中有表现儿童抽陀螺的娱乐场景。

图 2–38　宋　苏汉臣《秋庭婴戏图》(局部)　绢本设色　台北故宫博物院藏

9. 踢毽子

毽子，也称“箭子”，是由古代的蹴鞠演变而来的一种活动形式。踢毽子是一项古老的传统民俗娱乐活动，在中国有着悠久的历史。据历史文献和出土文物证明，踢毽子起源于汉代，盛行于隋、唐。因踢毽子是一项简便易行的娱乐活动，深受妇女、儿童的喜爱。

台北故宫博物院所藏清代绘画中有表现妇女、儿童踢毽子的娱乐场景。

图 2-39 清 《生平乐事图》(局部) 绢本设色 台北故宫博物院藏

10. 垂钓

垂钓起源于古代先民的生产活动，随着生活环境的转变和人们生活水平的提高，逐渐从生产活动中分离出来，成为一种充满趣味、格调高雅、有益于身心的文体活动。我国最早的关于竹制钓竿的文字记载见于两千多年前的《诗经》，如《竹竿》载："籊籊竹竿，以钓于淇。"这表明了先秦时期，人们已经用细细的竹竿在江河中垂钓了。

台北故宫博物院、广东省博物馆以及桂林博物馆所藏宋代、明代、清代的绘画中有表现儿童、老者垂钓的场景。

图 2–40　宋　苏汉臣　《长春百子图》(局部)　绢本设色　台北故宫博物院藏

图 2–41 明 吴伟 《寒江钓艇图轴》
绢本 广东省博物馆藏

图 2–42 明 谢时臣 《棋渔高蹈图》
（局部） 纸本设色 广州艺术博物院藏

图 2-43　明　唐寅　《溪山渔隐图卷》(局部)　绢本设色　台北故宫博物院藏

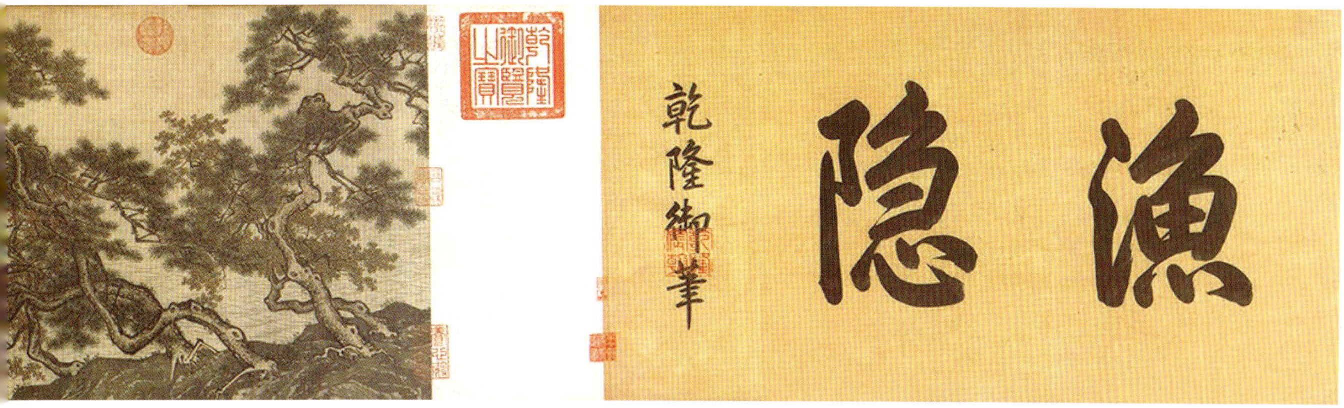
漁隱
乾隆御筆

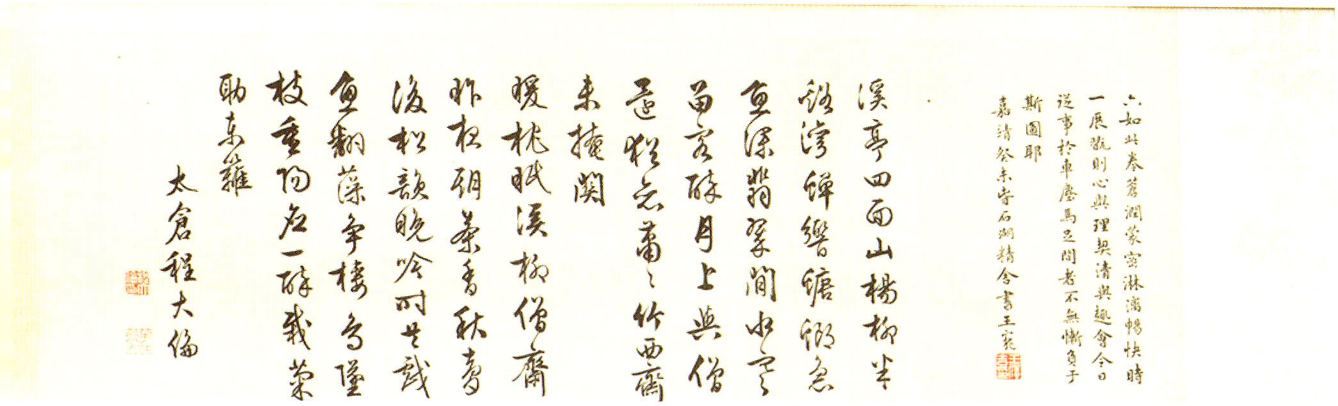
太倉程大倫

图 2–44 明 谢时臣 《棋渔高蹈图》(局部) 纸本设色 广州艺术博物院藏

图 2–45 明 谢时臣 《棋渔高蹈图》(局部) 纸本设色 广州艺术博物院藏

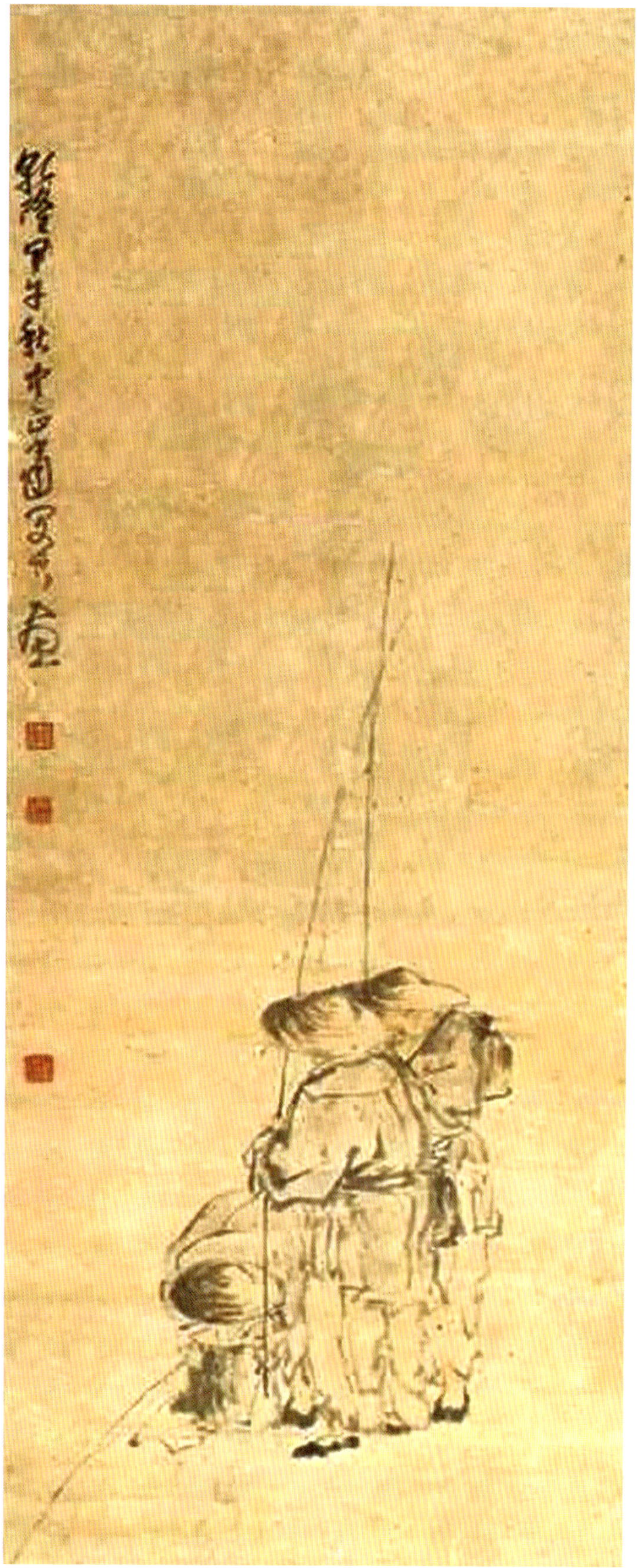

图 2–46 清 闵贞 《钓叟图》
绢本 桂林博物馆藏

11. 捉迷藏

捉迷藏，是一种将人的眼睛蒙住相互捉寻的游戏。最早只是一种儿童游戏。捉迷藏游戏自产生以来，其形式也在不断发展。参加者由两人向多人发展；由以夜晚进行为主发展到时间不受限制；种类由单一向多样化发展。由于捉迷藏的游戏性、愉悦性极强，深受儿童们的喜爱，并以强大的生命力一直传承至今。

台北故宫博物院所藏宋代的绘画中有表现儿童捉迷藏的场景。

图 2–47　宋　苏汉臣　《长春百子图》(局部)　绢本设色　台北故宫博物院藏

第三章 华南地区的博弈文化

"博弈"一词，最早见于《论语·阳货篇》："饱食终日，无所用心，难矣哉！不有博弈者乎？为之，犹贤乎已。"所谓"博"，即博戏，是指借助于掷骰子以赌输赢的游戏，包括六博、樗蒲、双陆、叶子戏、藏钩等；"弈"，是策略型游戏，泛指棋类，包括围棋、象棋、弹棋等。博弈游戏在秦以后的两千多年中非常盛行，上至皇亲显贵，下至平民百姓都非常喜欢博弈游戏。

一、六博

六博又称"陆博"，是一种掷采行棋的古老博戏，在先秦时期就已经十分盛行；也是宫廷和民间喜闻乐见的博戏之一。

华南地区广西壮族自治区出土了六博棋局，似案，面方形，有清晰的棋局，下有4只高足；广州南越王墓出土了玉、水晶和象牙材质的六博棋子；台北故宫博物院藏有骨材质的六博棋子和博箸。

图3-1 西汉 六博棋盘(铜制) 高9厘米 面宽30厘米×29厘米 广西壮族自治区出土

图 3-2 汉 六博棋子（骨制） 长 2.3 厘米 宽 1.2 厘米~1.4 厘米 高 0.7 厘米~1.1 厘米 台北故宫博物院藏

图 3-3 汉 六博棋子(骨制) 长 3.4 厘米 宽 2.3 厘米 台北故宫博物院藏

图 3-4　汉　博箸　长 9.1 厘米　台北故宫博物院藏

图 3-5　汉　六博棋子(玉、水晶制)　广州市南越王墓出土

图 3-6　汉　六博棋子(象牙制)　　广州市南越王墓出土

二、波罗塞戏与双陆

双陆在古代又叫“握槊”“长行”“波罗塞戏”，是西域诸国博弈法。此戏于公元6世纪初北魏宣武帝时期，由西域传入中原，并演变为双陆。宋人洪遵著有《谱双》一书，其中将双陆分为北双陆、南双陆、大食双陆、真腊双陆等多种制式。

台北故宫博物院所藏唐代绘画中有表现妇女进行双陆游戏的场景。

图3-7 唐 周昉《内人双陆图》(局部) 绢本设色 台北故宫博物院藏

三、围棋

围棋古代称为弈，是我国最古老的棋戏之一，也是我国古代人们喜爱的娱乐活动。弈棋与弹琴、绘画、写诗被人们引为风雅之事，成为男女老少皆宜的娱乐活动项目。

华南地区的广东省博物馆、广州美术馆、台北故宫博物院收藏有宋、明、清时期描绘弈棋场景的绘画、瓷器、漆器等。

图 3–8　宋　苏汉臣　《长春百子图》(局部)　绢本设色　台北故宫博物院藏

图 3-9 宋 银提梁壶 通高 31.5 厘米 口径 8 厘米 台北故宫博物院藏

图 3-10 南宋 刘松年 《十八学士图》(局部) 台北故宫博物院藏

图 3-11 明 青花婴戏弈乐图梅瓶 桂林博物馆藏

图 3-12 明 青花婴戏弈乐图梅瓶 桂林博物馆藏

图 3–13 明 仇英 《蓬莱仙弈图》 绢本设色 台北故宫博物院藏

图 3–14 明 仇英 《汉宫春晓图》(局部) 绢本重彩 台北故宫博物院藏

图 3–15 明 剔红山水人物圆盒(漆器) 径 13.8 厘米 器厚 0.6 厘米 台北故宫博物院藏

图 3–16　明　五彩百子人物纹罐（瓷器）　广东省博物馆藏

图 3–17　明　青花高士弈乐图梅瓶　桂林博物馆藏

图 3–18　明　青花婴戏弈乐图梅瓶　桂林博物馆藏

图 3-19　清　丁观鹏　《仿仇英汉宫春晓图》(局部)　绢本设色　台北故宫博物院藏

图 3-20 清 苏六朋《蕉园对弈图》 纸本墨色 广州博物馆藏

图 3-21 清 苏六朋 《东山报捷图》 纸本 广州美术馆藏

图 3-22　清　斗彩人物纹瓷瓶　广东省博物馆藏

图 3-23 清 竹林七贤竹雕笔筒 径 13.7 厘米 高 15.6 厘米 台北故宫博物院藏

图 3–24　清　粉彩山水人物图笔筒（瓷器）高 13.9 厘米　口径 18.8 厘米　广东省博物馆藏

图 3–25　清　剔红园林人物圆盒（漆器）径 8.5 厘米　高 7.5 厘米　台北故宫博物院藏

图 3–26 清 青花弈棋笔筒 高 19.6 厘米 口径 19 厘米 腹围 59.5 厘米 底径 18.3 厘米 桂林博物馆藏

图 3–27 清 苏六朋 雅集图折扇面 纸本设色 纵 19 厘米 横 54 厘米 桂林博物馆藏

四、象棋

象棋，古代称为“象戏”，是一项很古老的棋类游艺活动。有人认为这种游戏就是后来中国象棋的雏形。关于象棋的起源，自古以来众说纷纭，但从象棋的局制和规则来考察，中国象棋的起源应与兵家有着密切的联系。

华南地区广东省大埔县湖寮圩吴六奇墓葬中出土了清代初期陶制象棋模型。

图 3-28　清　内廷生活俑及器具　广东省博物馆藏

图 3-29　清　内廷生活俑及器具(局部)　广东省博物馆藏

第四章 华南地区的传统武术

中华传统武术是古代中国民间流行较为广泛的传统体育活动，它源于史前人类生产、生活的社会实践，并在其后的发展中成为具有独特民族风格的运动形式。中国古代传统武术的内容包括各种形式的器械以及拳术、器械演练的不同套路。

中国古代传统武术是一门传统而又世俗的技艺。因其在战争、格斗、防身以及体育锻炼中具有十分重要的作用，所以在民间有着极其广泛的群众基础，社会尚武之风非常浓厚，统治者出于卫国强兵的目的也高度重视练武，大大促进了民间习武练武活动的开展。

一、岩画中的武艺

当我们循着史前人类遗迹溯源而行，就能在斑驳陆离的巨石岩壁上看到持长矛的巫觋，佩刀、佩剑的骑马人物、武士形象等。这些岩画表现出一种相对专门化的身体活动形式，具备了武术的一定特征。

广西壮族自治区的岩画中有多处这样的描绘。

图 4–1　战国至西汉　腰佩环首刀武士（局部）　彩绘　广西壮族自治区崇左市宁明县花山岩画

图 4-2　战国至西汉　腰佩环首刀武士(局部)　彩绘　广西壮族自治区崇左市宁明县花山岩画

图 4–3 战国至西汉 腰佩环首刀武士(局部) 彩绘 广西壮族自治区崇左市宁明县花山岩画

图 4-4 战国至西汉 腰佩环首刀武士 彩绘 广西壮族自治区崇左市扶绥县大银瓮山岩画

图 4-5 战国至西汉 持长矛巫觋 彩绘 广西壮族自治区崇左市宁明县花山岩画

图4-6　战国至西汉　腰挂长武器骑士　彩绘　广西壮族自治区百色市靖西市岜樶山岩画

图 4-7 战国至西汉 武士 彩绘 广西壮族自治区崇左市扶绥县岜来山岩画

图 4-8　战国至西汉　手执狼牙棒骑士(局部)　彩绘　广西壮族自治区来宾市金秀瑶族自治县帽合山岩画

图 4-9　战国至西汉　佩剑武士　彩绘　广西壮族自治区崇左市宁明县花山岩画

图 4-10　有格无首剑图像

图 4–11 战国至西汉 佩剑武士 彩绘 广西壮族自治区崇左市宁明县花山岩画

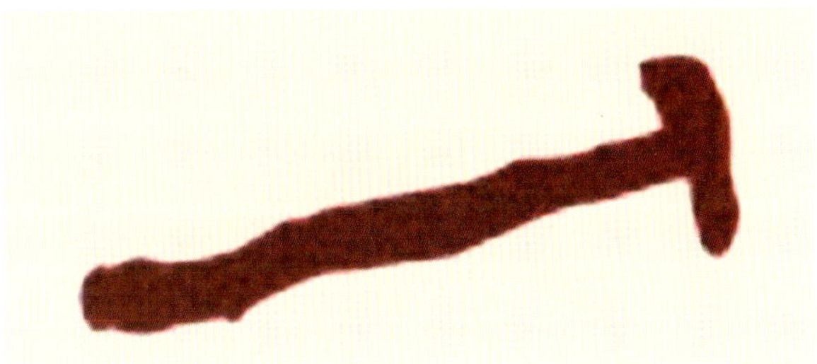

图 4–12 有首无格剑图像

图 4-13　战国至西汉　佩剑武士　彩绘　广西壮族自治区崇左市宁明县花山岩画

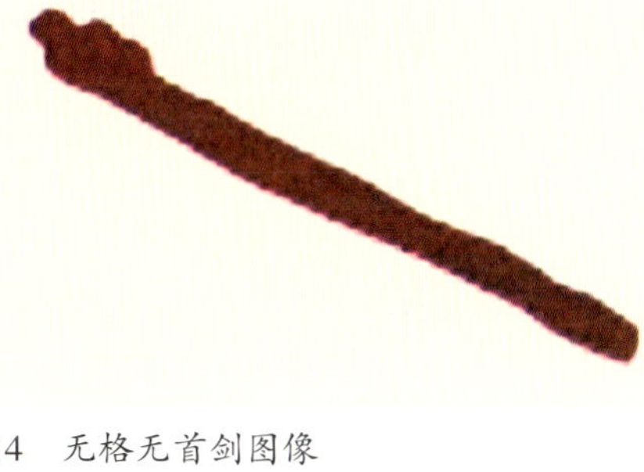

图 4-14　无格无首剑图像

图 4-15　战国至西汉　佩剑骑马人物　彩绘　广西壮族自治区崇左市宁明县花山岩画

图 4-16　战国至西汉　佩剑女巫　彩绘　广西壮族自治区崇左市宁明县花山岩画

图 4-17　战国至西汉　手持短剑武士　彩绘　广西壮族自治区崇左市扶绥县红岩山岩画

图 4-18 战国至西汉 腰佩长剑人物 彩绘 广西壮族自治区崇左市江州区大湾山岩画

图 4-19 战国至西汉 扁茎短剑 彩绘 广西壮族自治区崇左市宁明县花山岩画

图 4-20 战国至西汉 佩剑武士 彩绘 广西壮族自治区崇左市宁明县花山岩画

图 4-21　战国至西汉　佩剑武士　彩绘　广西壮族自治区崇左市宁明县花山岩画

二、武术器械

武术器械是传统武术的基础，它是伴随着狩猎与战争的出现而发展起来的，武术器械也源于古代的某些生产工具。到铜器、铁器产生以后，兵器的种类才逐渐增多，出现了各类青铜武器，如商周时期的戈、戟等之后的各类武术器械，多是在它们的基础上得以演进和提高的。

华南地区广东出土了各类石镞、石锛、石钺、石戈、石矛以及青铜剑、青铜戈等早期的武术器械。其中以新石器时代的石器最具广东地方特色，其文化遗存也最具代表性。在与早期夹砂陶共存的遗址里，石器用交互法打制，刃部磨光的梯形石锛已出现。中期遗址中刃部磨光的石器数量增加，富有地方特色的双肩石锛已出现。晚期遗址中石器大部分通体磨光，制作精致，器类繁多，其制作技术日臻完善。

商周时期主要活动于现广西壮族自治区的百越族群，其重要的骆越部落的足迹遍及广西左右江流域、邕江—郁江流域、海南省以及越南北部的红河流域。1985 年，武鸣元龙坡、安等秧等地的先秦墓葬群中出土了一批砂石铸范，表明商代中晚期骆越先民已经掌握了青铜铸造技术，步入了青铜时代。其出土的大量青铜兵器，如靴型钺、一字格铜剑等则可能受到滇文化的影响。

华南地区的台北故宫博物院、广东省博物

馆以及广东惠州博物馆、广东佛山澜石河宕遗址、广东曲江马坝石峡遗址、广东潮安梅林湖贝丘遗址、广州象岗南越王墓、广东惠阳龙舟山、广东徐闻、广西宾阳、广西武鸣元龙坡墓葬群、广西南宁邕宁、广东广宁铜鼓岗、广西武鸣安等秧墓葬群、广西亭子圩等都馆藏和相继出土有各种形式的武术器械。

图 4–22　新石器时代末期　骨刀　长 21 厘米　宽 2.9 厘米　厚约 0.2 厘米　台北故宫博物院藏

图 4–23　新石器时代　石镞　长 7.9 厘米　宽 2.1 厘米　厚 0.6 厘米　惠州博物馆藏

图 4–24　新石器时代晚期　石锛　左长 5.3 厘米　刃宽 5.2 厘米　厚 1.3 厘米　右长 7.5 厘米　刃宽 4.2 厘米　厚 2 厘米　广东省佛山市石湾区澜石镇河宕遗址出土

图 4–25　新石器时代晚期　石钺　长 30.2 厘米　刃宽 11.9 厘米　厚 0.5 厘米~0.8 厘米　广东省韶关市曲江区马坝镇石峡遗址 47 号墓出土

图 4–26　新石器时代晚期　石钺　长 22.5 厘米　刃宽 12 厘米　厚 0.7 厘米　广东省韶关市曲江区马坝镇石峡遗址 42 号墓出土

图 4–27　新石器时代晚期　石钺　长 16.7 厘米　刃宽 10.6 厘米　厚 0.8 厘米　广东省韶关市曲江区马坝镇石峡遗址出土

图 4–28　夏　石戈　长 20 厘米　宽 5.8 厘米　厚 0.7 厘米　广东省潮州市潮安区贝丘遗址出土

图 4–29　夏　石戈　长 23 厘米　宽 5.5 厘米　厚 0.6 厘米　广东惠阳龙舟山出土

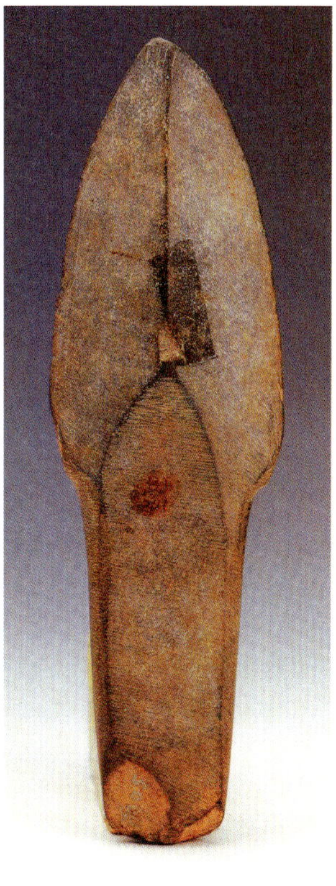

图 4–30　夏　石矛　长 20.5 厘米　宽 6.7 厘米　厚 2.2 厘米　广东省惠州市博罗县角洞水库出土

图 4–31　商末或周初　蝉纹弓形器　长 32.7 厘米　身长 19.3 厘米　台北故宫博物院藏

图 4–32　商周　骨镞　长 5.5 厘米　台北故宫博物院藏

图 4–33　西周　成周戈　长 24.1 厘米　台北故宫博物院藏

图 4-34 西周 斜形青铜钺 广西壮族自治区南宁市宾阳县出土

图 4-35 西周 侯戟 长 26.8 厘米 台北故宫博物院藏

图 4-36 西周 铜箭镞 广西壮族自治区武鸣区元龙坡古墓葬群遗址出土

图 4–37　春秋战国期间　青铜短剑　长 29.4 厘米　广州市东郊暹岗遗址出土

图 4–38　春秋战国期间　青铜戈　长 18.5 厘米　广州市东郊暹岗遗址出土

图 4–39　春秋晚期　蔡侯产戈　长 31 厘米　台北故宫博物院藏

图 4–40　春秋晚期　越王州勾剑　长 49.5 厘米　台北故宫博物院藏

图 4-41　战国　河南矛　长 12.1 厘米　台北故宫博物院藏

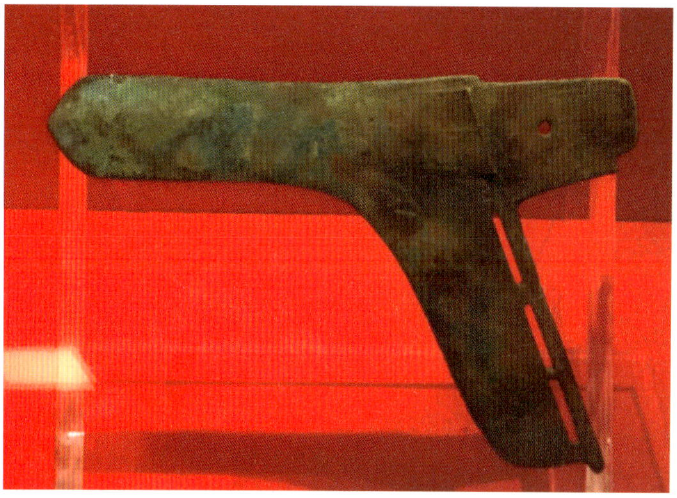

图 4-42　战国　铜戈　广西壮族自治区南宁市邕宁区出土

图 4-43　战国　长刺连钩铜戟　长 37.3 厘米　宽 27 厘米　广东省博物馆藏

图 4-44　战国　青铜斧　长 6.7 厘米　刃宽 4.1 厘米　广东省肇庆市广宁县铜鼓岗 M21 号墓出土

图 4-45　战国　铜剑　广西壮族自治区南宁市武鸣区安等秧墓葬群 M41 号墓出土

图 4-46　战国　铜剑　广西壮族自治区南宁市武鸣区安等秧墓葬群 M84 号墓出土

图 4–47 战国 青铜剑 高 50.2 厘米 台北故宫博物院藏

图 4–48 战国 靴型钺 南宁博物馆藏

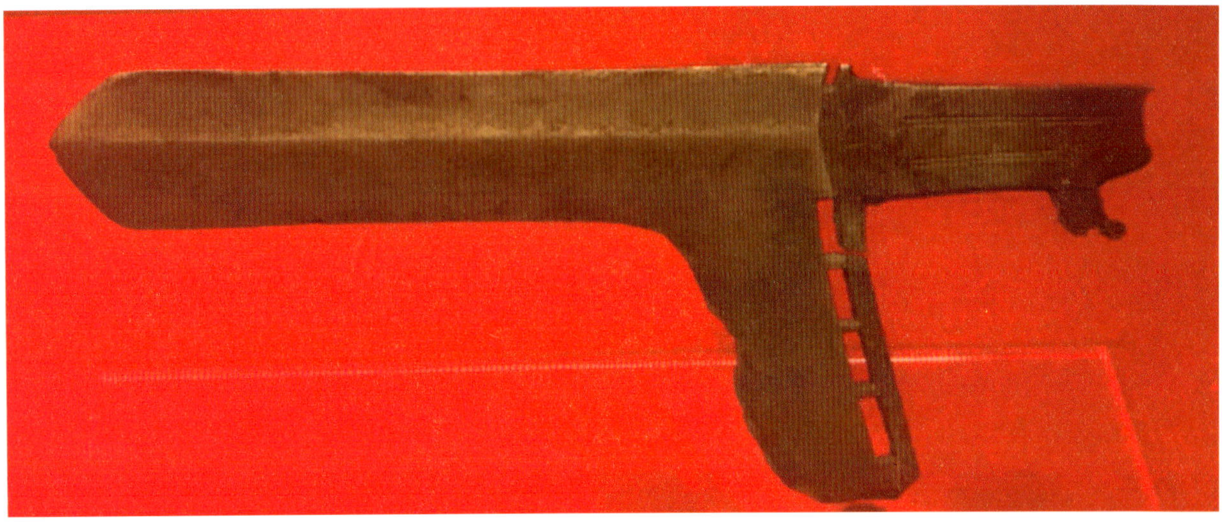

图 4–49 战国 四穿回纹铜戈 广西壮族自治区亭子圩出土

图 4–50 战国 扁茎铜短剑 广西壮族自治区南宁市武鸣区出土

图 4-51 战国 铜矛 广西壮族自治区南宁博物馆藏

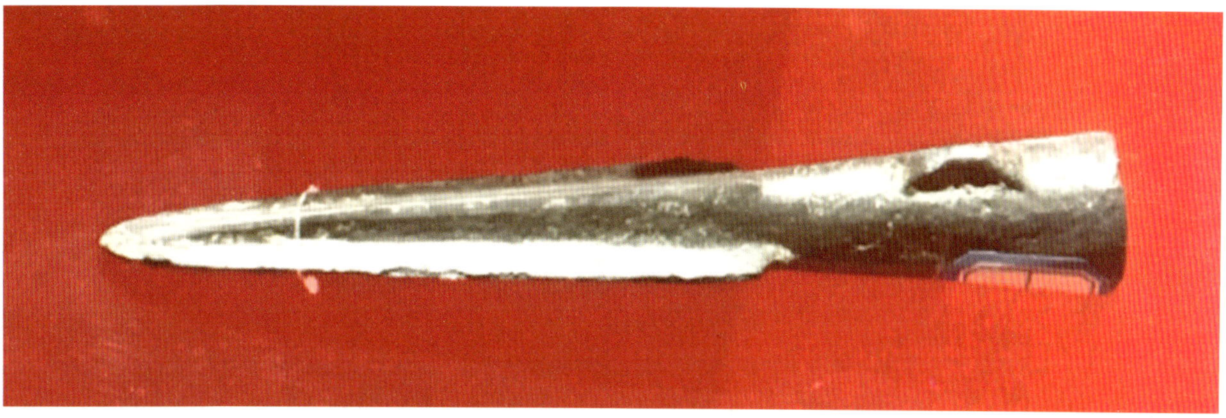

图 4-52 战国 铜矛 广西壮族自治区南宁市武鸣区安等秧墓葬群 M14 号墓出土

图 4-53 战国 铜矛 广西壮族自治区南宁市武鸣区安等秧墓葬群 M14 号墓出土

图 4-54 战国 云雷纹铜矛 广西壮族自治区南宁市武鸣区安等秧墓葬群 M14 号墓出土

图 4-55　战国　双棱细脊铜矛　通长 15.2 厘米　刃宽 4 厘米　南宁博物馆藏

图 4-56　战国　波浪纹铜钺　广西壮族自治区南宁市武鸣区出土

图 4-57　战国　双肩铜钺　广西壮族自治区南宁市武鸣区出土

图 4-58 秦 铜箭簇 广州市秦代造船厂遗址出土

图 4-59 秦 “张义”铜戈 长 22.3 厘米 广州市象岗南越王墓出土

图 4-60 秦 “张义”铜戈(局部)
广州市象岗南越王墓出土

图 4-61　秦　“十四年属邦”戈　通长 26 厘米　援长 16.3 厘米　广州市区庄螺岗木椁墓出土

图 4-62　秦　“十四年属邦”戈（局部）　广州市区庄螺岗木椁墓出土

图 4-63　汉　铜刀　长 11.2 厘米　广东省湛江市徐闻县出土

图 4-64　汉　铜钺　长 8.2 厘米　宽 6.1 厘米　广东省湛江市徐闻县出土

图 4-65 西汉 玉具剑 广州市象岗南越王墓出土

图 4-66 汉 弩机 高 8.7 厘米 台北故宫博物院藏

图 4-67 西汉 鎏金铜弩机 广州市象岗南越王墓出土

三、武士与剑术

隋唐时期中西文化的交流和佛教、道教的盛行，以及隋唐政权给予的政策上的特殊关照，致使各个寺院拥有了独立的经济和政治特权，并且有了自己的戒律和武装。在这种情况之下，寺院的僧侣们不仅参禅静悟，而且还习拳练武。

商周时期出现了最早由青铜制成的剑，秦汉之后，铁剑逐渐取代了青铜剑。随着社会的发展，剑的价值由单纯地作为一种兵器，延伸到更广的领域中，发展出了剑术、剑舞、剑诗等，剑已经成为一种具有独特意义的文化现象。

华南地区的广州光孝寺藏有唐代木雕的武士像；广西壮族自治区北海市合浦县博物馆藏有东汉时期的琉璃剑璏，台北故宫博物院藏有表现剑术活动的绘画和象牙雕。

图 4-68　唐　武士像(木雕)　高 24 厘米　广州市光孝寺藏

图 4-69　唐　武士像(木雕)　高 29.6 厘米　广州市光孝寺藏

图 4-70　东汉　琉璃剑璏　纵 2.2 厘米　横 10.2 厘米　广西壮族自治区北海市合浦县博物馆藏

图 4-71　清　公孙大娘舞剑器(象牙雕)　高 27.7 厘米　台北故宫博物院藏

图 4-72　清　画珐琅双耳蒜头瓶　高 20.2 厘米　口径 2.6 厘米　足径 7.4 厘米　台北故宫博物院藏

四、军事武艺与技击

武术器械是古代军事活动中的必备之器，人类社会有了战争就有了兵器，进而出现了武艺技击和作为其主要形式的器械技击，而军事活动中的器械演练也就成为传统武术活动中的一项重要内容。

广西地区出土的西汉时期的漆画铜鉴上绘有技击的图形，台北故宫博物院收藏有明代时期的阅操图。

图 4–73　西汉　漆画铜鉴　高 13.5 厘米　口径 50 厘米　广西壮族自治区贵港市贵县罗泊湾 1 号汉墓出土

图 4–74　汉　兵器簿简牍　纵 25 厘米　横 91 厘米　台湾“中央研究院”历史语言研究所藏

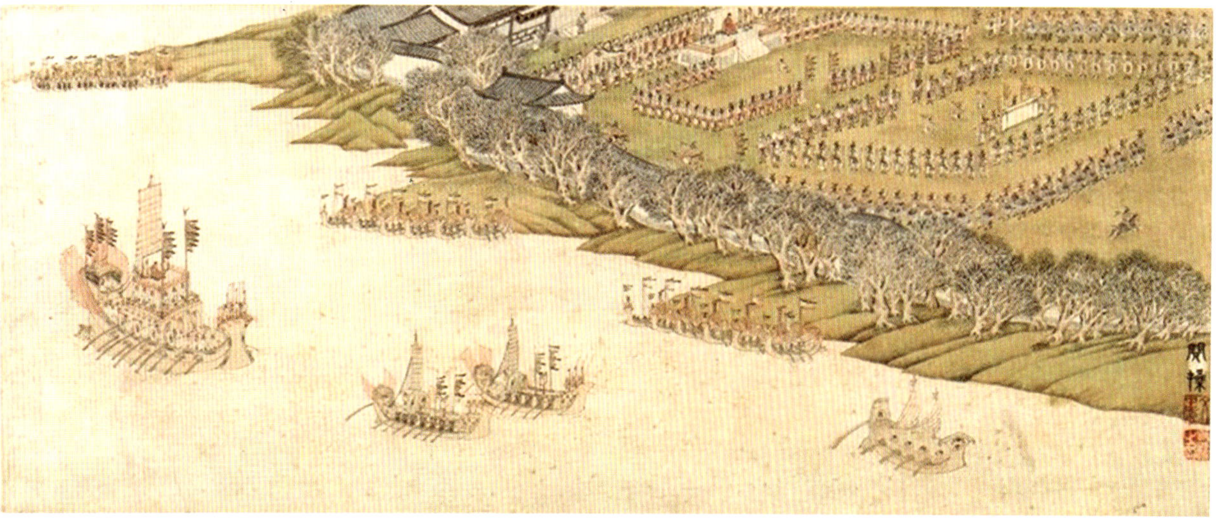

图 4–75　明　《阅操图》　纸本设色　台北故宫博物院藏

图 4–76　西汉　漆画铜鉴(局部)　广西壮族自治区贵港市贵县罗泊湾 1 号汉墓出土

图 4–77　元　单骑救主图罐　高 30 厘米　口径 22 厘米　底径 19.5 厘米　民间收藏

第五章 华南地区的竞技体育

现代竞技体育最明显的3个特征，就是竞争性、具有竞赛的规则和通过身体活动来实现竞争。中国古代传统体育项目中的狩猎与射箭、角抵与百戏、举鼎与拓关、蹴鞠与击鞠、竞渡与冰嬉等不仅具有竞技体育的基本特征，而且也具有传统体育项目自身的娱乐性。这说明具有竞技体育特征的传统体育项目，随着竞争日趋激烈，却并未失去其娱乐性特征，对参与者来说取得胜利或仅仅是参与都可以获得心理上的满足，对观赏者来说则可以获得愉悦。

真正的体育竞争乃是“竞争”与“礼让”的统一。这一方面需要一种勇于进取的精神，另一方面也要培养良好的竞争心态。竞争必须是依靠自身实力，是良性竞争，即“君子之争”，体现了中国传统体育文化的特征。

一、狩猎与射箭

射箭，源于远古时期人类进行狩猎、战争和保卫自身安全的需要，是一项极为古老的传统体育项目。射箭由狩猎、战争逐渐演变成一种习武竞赛，之后又在儒家思想的影响下，与礼结合在一起，成为不同历史时期的不同领域中广为盛行的活动。射、礼的结合，体现的是一种道、一种人生哲理，目的在于培养人健康的竞争心理。同时，射、礼的结合，也增添了娱乐性，成为角抵、百戏的主题，这也可视为寓教于乐的一个方面。

华南地区广西、广东等地，都相继出土有铜箭镞，如广西大新县猴山岩画中刻绘的狩猎图，台北故宫博物院收藏有五代十国的《射骑图》、南宋的《平原射鹿图》《出猎图》、元代的《元世祖出猎图》，广东省博物馆收藏有明代的《郊猎图》和清代的粉彩人物纹盘口瓶、仿成化款青花人物纹瓣口盘中描绘有射箭和狩猎的活动情景，广西民族博物馆收藏有三国时期的《孔明将君（军）出行图》。

图5-1 战国至西汉 狩猎图 广西壮族自治区崇左市大新县猴山岩画

图 5-2　三国时期　《孔明将君(军)出行图》(线描)　族鼓 78 号鼓　广西民族博物馆藏

图 5-3　五代　李赞华　《射骑图》(局部)　绢本设色　台北故宫博物院藏

图 5-4　南宋　陈居中　《平原射鹿图》(局部)　绢本设色　台北故宫博物院藏

图 5-5　南宋　陈居中　《出猎图》(局部)　绢本设色　台北故宫博物院藏

图 5-6　南宋　陈居中《出猎图》(局部)　绢本设色　台北故宫博物院藏

图 5-7　元　《秋猎图》绢本设色　台湾私人收藏

图 5-8 辽 《出猎图》(局部)
绢本 台北故宫博物院藏

图 5-9 宋 元人画平原归猎 绢本设色 台北故宫博物院藏

图 5-10 元 刘贯道 《元世祖出猎图》(局部)
绢本设色 台北故宫博物院藏

图 5-11 明 《郊猎图》 纸本设色 广东省博物馆藏

图 5–12 明 《鹰猎图》(局部) 绢本设色 台北故宫博物院藏

图 5–13 清 五彩描金狩猎图盘 高 5.8 厘米 口径 35.8 厘米 底径 21.5 厘米 桂林博物馆藏

图 5-14　清　仿成化款青花人物纹瓣口盘　广东省博物馆藏

图 5-15　清　《徐晃射锦袍》(木雕)　广东省博物馆藏

图 5-16 清 《缂丝群仙献寿图》(局部) 绢本 台北故宫博物院藏

图 5-17 明 仇英 《解马弯弓图》 绢本设色 台北故宫博物院藏

图 5-18 明 周全 《射雉图》 绢本设色 台北故宫博物院藏

图 5-19 清 粉彩人物纹盘口瓶 广东省博物馆藏

二、角抵与百戏

1. 角抵

角抵，又称“角力”。《述异记》《晋书》《角力记》等史料中均有记载，是在上古原始社会时期为比武设立的竞技项目。先秦战国时期，角抵与射箭、驾车并列为重要的军事训练项目，现代体育运动的摔跤和相扑运动都源于此。

台北故宫博物院藏有的宋代《长春百子图》中就有描绘儿童摔跤的欢快场景。

图 5-20　宋　苏汉臣　《长春百子图》(局部)　绢本设色　台北故宫博物院藏

图 5-21　宋　苏汉臣　《长春百子图》(局部)　绢本设色　台北故宫博物院藏

2. 百戏

百戏是中国古代民间传统表演艺术的泛称，“百戏”之“百”者，多也，可见其内容丰富。《汉文帝纂要》载：“百戏起于秦汉曼衍之戏，技后乃有高絙、吞刀、履火、寻橦等也。”可见百戏是对我国民间诸多技艺的称呼，包括杂技、角抵、幻术、游戏等，尤其以杂技为主，最晚起于秦汉之时。百戏继承和发展了我国古代传统技艺，又吸收了各民族的杂技幻术，特别是受西域诸民族的影响也较为显著。

华南地区遗存的百戏文物，其内容主要有马戏、乐舞等。

(1) 马戏

马戏，古代是指以驯马或驭马为戏的技艺，现代体育称之为“马术”。它是由人在马上完成复杂而惊险的各种动作，是一种人马结合的表演项目。今天的马术已被列入奥运会竞赛项目。

华南地区遗存的马戏文物也比较多，其中广西岩画中就有描绘马戏的场景，如东山岩画中有 1 幅骑马图像，马呈奔跑状，骑马者为控制马而身体略后倾，动感鲜明。

图 5-22 战国至西汉 骑马者 广西壮族自治区崇左市大新县岜淑山岩画

图 5-23 战国至西汉 骑马者 广西壮族自治区百色市靖西市东山岩画

图 5-24 战国至西汉 骑马图 广西壮族自治区崇左市天等县岜连山岩画

(2) 乐舞

乐舞对于人们理解中国体育的形成历史具有重要的意义。自汉代以来，各国的歌舞经过丝绸之路，辗转传入中国北方和南方，与中国的乐舞融合，对融音乐、舞蹈、杂技、角抵、武术等于一体的中国古代体育的形成起到了很大的作用。

华南地区遗存的乐舞文物，在广东珠海宝镜湾藏宝洞东壁的岩画中展现得尤为丰富，例如：刻画有男觋两肘夹腰弯屈，两手外翻，两腿微叉，脚尖外撇，作舞蹈状的画面；刻画有女巫两腿弯屈，一手臂甩袖至头上方作舞蹈状的画面。还刻画了一组花纹繁缛的群舟，以及似在船上跳巫舞的乐伎，起舞的 4 人动作粗犷，力量柔中带刚。广西地区发现的岩画有表现祈祷战争胜利和祭祀的舞蹈场面。广州出土了西汉的玉佩舞人、陶舞俑；广西出土了羽人舞蹈纹铜鼓；台湾日月坊藏有魏晋时期的玉乐舞人；台北故宫博物院也藏有明、清时期的舞蹈绘画。

图 5-25　男觋(磨刻)　广东省珠海市宝镜湾岩画

图 5-26 男觋(临摹) 广东省珠海市宝镜湾岩画

图 5-27 甩袖女巫(磨刻) 广东省珠海市宝镜湾岩画

图 5-28 甩袖女巫(临摹) 广东省珠海市宝镜湾岩画

图 5-29　舞人(磨刻)　广东省珠海市宝镜湾岩画

图 5-30　舞人(临摹)　广东省珠海市宝镜湾岩画

图 5-31　战国至西汉　祈祷战争胜利(局部)　彩绘　广西壮族自治区崇左市宁明县花山岩画

图 5-32 战国至西汉 祈祷战争胜利(局部)(线描) 广西壮族自治区崇左市宁明县花山岩画

图 5-33 战国至西汉 祭铜鼓(局部) 彩绘 广西壮族自治区崇左市宁明县花山岩画

图 5-34 战国至西汉 祭铜鼓(局部)(线描) 广西壮族自治区崇左市宁明县花山岩画

图 5-35 战国至西汉 祭鬼神(局部) 彩绘 广西壮族自治区崇左市宁明县花山岩画

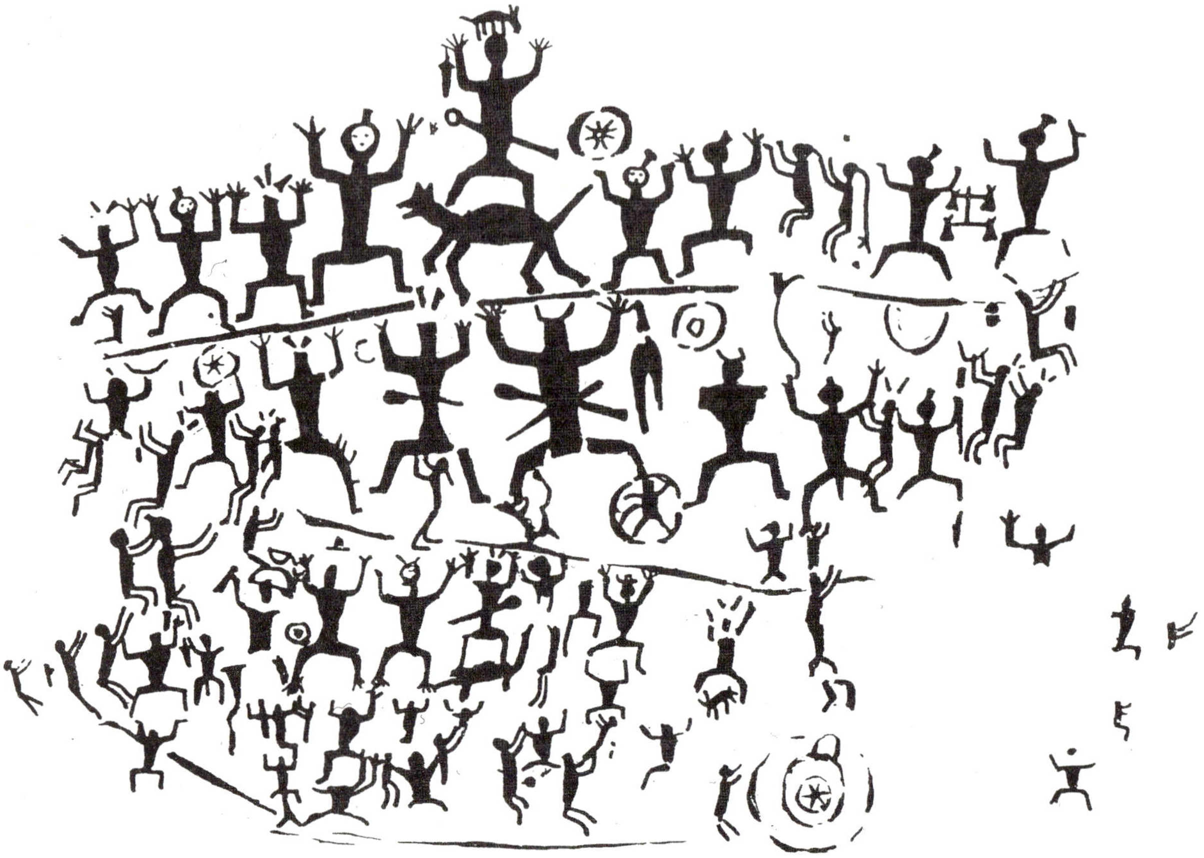

图 5-36　战国至西汉　祭鬼神(局部)(线描)　广西壮族自治区崇左市宁明县花山岩画

图 5-37　战国至西汉　祈祷战争胜利(局部)　彩绘　广西壮族自治区崇左市灯笼山岩画

图 5-38 战国至西汉 祭祀舞蹈(局部) 彩绘 广西壮族自治区崇左市洪山岩画

图 5-39 战国至西汉 祭祀舞蹈(局部) 彩绘 广西壮族自治区崇左市三洲头山岩画

图 5-40　战国至西汉　武舞舞者（局部）　彩绘　广西壮族自治区崇左市宁明县花山岩画

图 5-41　西汉　玉舞人　广州市出土

图 5-42　西汉　玉舞人　高 3.5 厘米　广州市象岗南越王墓出土

图 5-43　西汉　玉舞人　高 6.9 厘米　广州市西村凤凰岗出土

图 5-44　东汉后期　陶舞俑　高 38 厘米　广州市先烈路出土

图 5-45　西汉早期　铜鼓羽人舞蹈纹　广西壮族自治区百色市西林县铜鼓墓葬出土

图 5-46　战国至西汉　铜鼓羽人舞蹈纹　广西壮族自治区贵港市贵县罗泊湾出土

图 5-47　西汉　铜鼓羽人舞蹈纹　广西西林 280 号鼓　广西民族博物馆藏

图 5-48　魏晋　玉乐舞人　台湾日月坊藏

图 5-49　唐　《唐人宫乐图》 绢本设色　台北故宫博物院藏

图 5-50　明　五彩百子人物纹罐(瓷器)(局部)　广东省博物馆藏

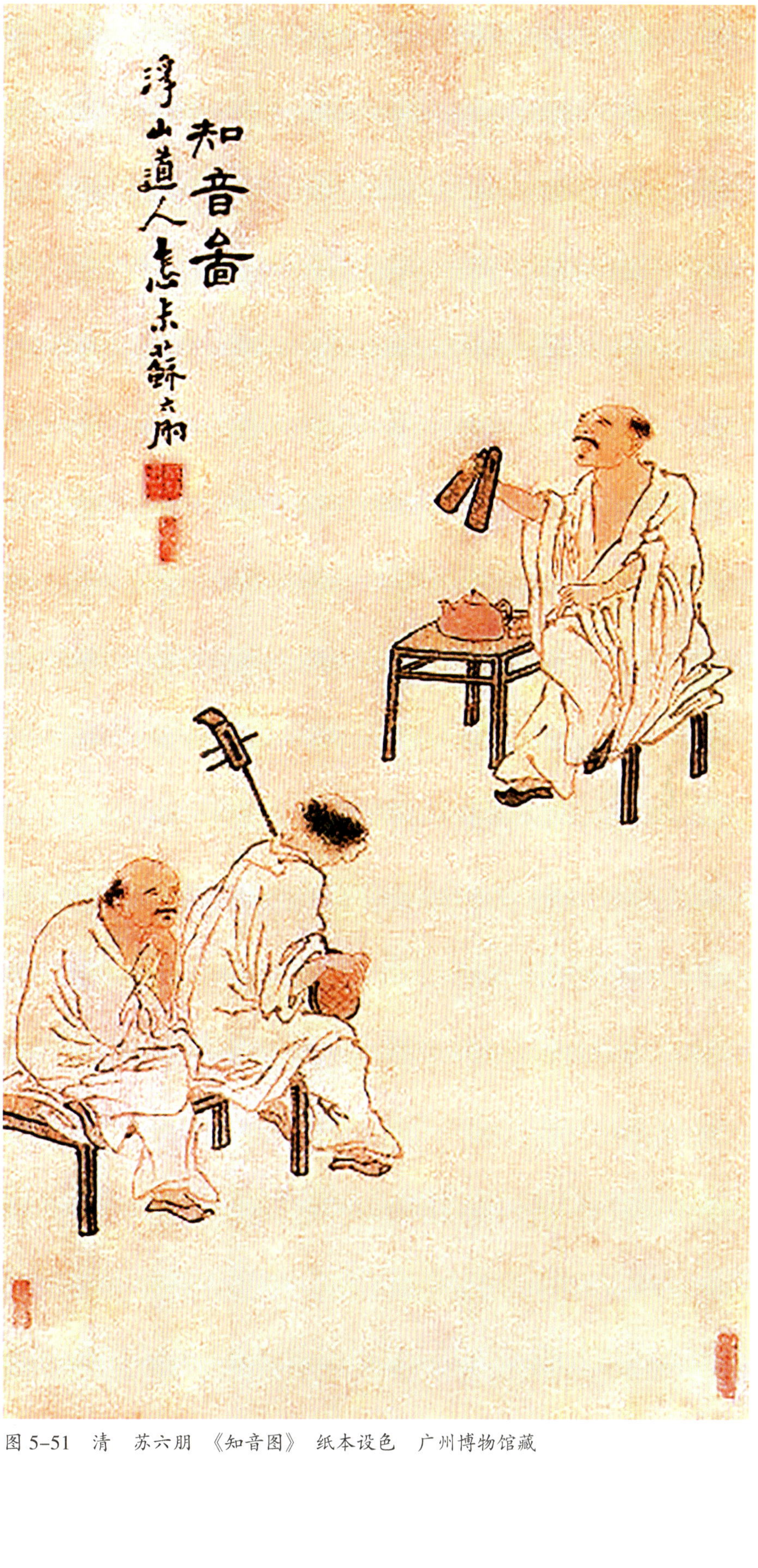

图 5–51 清 苏六朋《知音图》 纸本设色 广州博物馆藏

图 5–52　明　唐寅　《仿唐人仕女图》
台北故宫博物院藏

图 5-53　清　五彩吹奏图瓷碗　广州博物馆藏

图 5-54　清　丁观鹏　《仿仇英汉宫春晓图》(局部)　绢本设色　台北故宫博物院藏

图 5-55　明　仇英　《汉宫春晓图》(局部)　绢本设色　台北故宫博物院藏

图 5–56 清 《秦淮邀笛图》 绢本设色 香港民间收藏

图 5–57 清 五彩乐舞图瓷瓶 香港民间收藏

图 5-58　清　《汉宫春晓图》(局部)　绢本设色　台北故宫博物院藏

三、举鼎

举重在我国古代根据所举器具的不同分为3个阶段，人们在各个阶段所举的器具依次是生活用具、木制或铁制的重器、石制的重器。因所举的器具不同，其名称也各异，如：举鼎、拓关、举石狮等，都是古代举重物竞技活动的名称。由此可知，举重是人类体育活动中一种比试力量的运动形式。

华南地区遗存有许多西汉、东汉时期的胡人俑陶座灯，反映了汉代人们举重练力的活动情境。

图 5-59　西汉　陶胡人托灯俑　选自《海上丝绸之路广州史迹》

图 5-60　西汉后期　俑座陶灯　高 24.7 厘米　广东省广州市郊大元岗出土

图 5-61　东汉　胡人俑座陶灯　灯盘直径 10.6 厘米　通高 20 厘米　广西壮族自治区北海市合浦县博物馆藏

图 5-62 西汉后期 胡人俑座陶灯 大元岗汉墓出土 广州博物馆藏

图 5-63 东汉 胡人俑座陶灯 选自《海上丝绸之路广州史迹》

图 5-64　东汉　胡人俑座陶灯　通高 28 厘米　盏口径 11 厘米　宽 18 厘米　广州博物馆藏

图 5-65　东汉　胡人俑座陶灯　广州博物馆藏

四、蹴鞠

中国是球类运动流行甚早且内容较为丰富的国家之一。蹴鞠也叫“踏鞠”，是一项起源于中国的古老的足球运动。蹴、踏均是用脚踢的意思，鞠就是球。蹴鞠在战国时期就已经成为我国较为流行的娱乐活动，秦汉时期得以风行，并成为汉代重要的军事训练科目，用来增强将士们的体力。蹴鞠是古人培养勇敢精神以及愉悦身心的重要手段。

台北故宫博物院和台北念圣楼所藏的宋代、明代绘画中就有表现儿童进行蹴鞠游戏的场景。

图 5-66　宋　苏汉臣《长春百子图》(局部)　绢本设色　台北故宫博物院藏

图 5-67　宋　黄卷《蹴鞠图》镜心　绢本　民间收藏

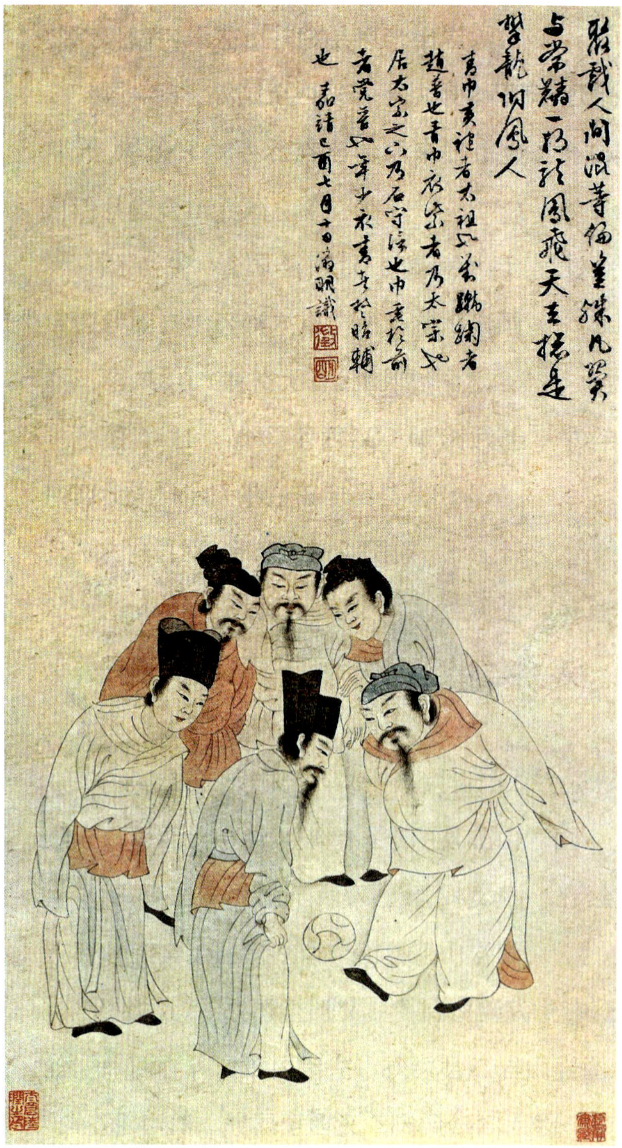

图 5-68　明　文徵明《仿宋太祖蹴鞠图》纸本设色　台北念圣楼藏

五、嬉水

游泳古代也称之为“嬉水”。游泳在我国具有悠久的历史，早在春秋战国时期，我国第一部诗歌总集《诗经》中的《邶风·谷风》里就有描写游泳的诗句：“就其深矣，方之舟之。就其浅矣，泳之游之。”就是说，遇到水深就乘船筏渡河，如果水浅便可以游过去。后来人们在嬉水的过程中相互比试，当嬉水与比赛结合时，便出现了具有竞技性质的游泳比赛。

台北故宫博物院所藏宋代绘画中就有表现古代儿童嬉水的场景。

图 5-69　宋　苏汉臣《长春百子图》(局部)　绢本设色　台北故宫博物院藏

六、竞渡

竞渡最初并不是龙舟竞渡。竞渡的早期目的是禳灾，意为用船把人群里的疵疠送走。竞渡择日于每年的农历五月初五。古代的天文历法认为这一天是“日长至，阴阳争，生死分”的一天，是送瘟除灾最好的日子。随着时间的推移和人们的娱乐所求，逐渐把竞渡送灾的本意淡化了，而娱乐性、竞技性则成为竞渡的主要特征。直到南宋时期，才真正出现了端午节龙舟竞渡的活动。

华南地区广东、广西的岩画，广西出土的竞渡纹铜鼓，广东南越王墓出土的船纹提筒，台北故宫博物院所藏宋、元、明、清时期的龙舟竞渡绘画以及清代的象牙雕等都可见古代龙舟竞渡的场面。

图 5-70　人与船　广东省珠海市高栏岛岩画

图 5-71　船　广东省珠海市高栏岛岩画

图 5-72　载王之舟(凿刻)　广东省珠海市宝镜湾岩画

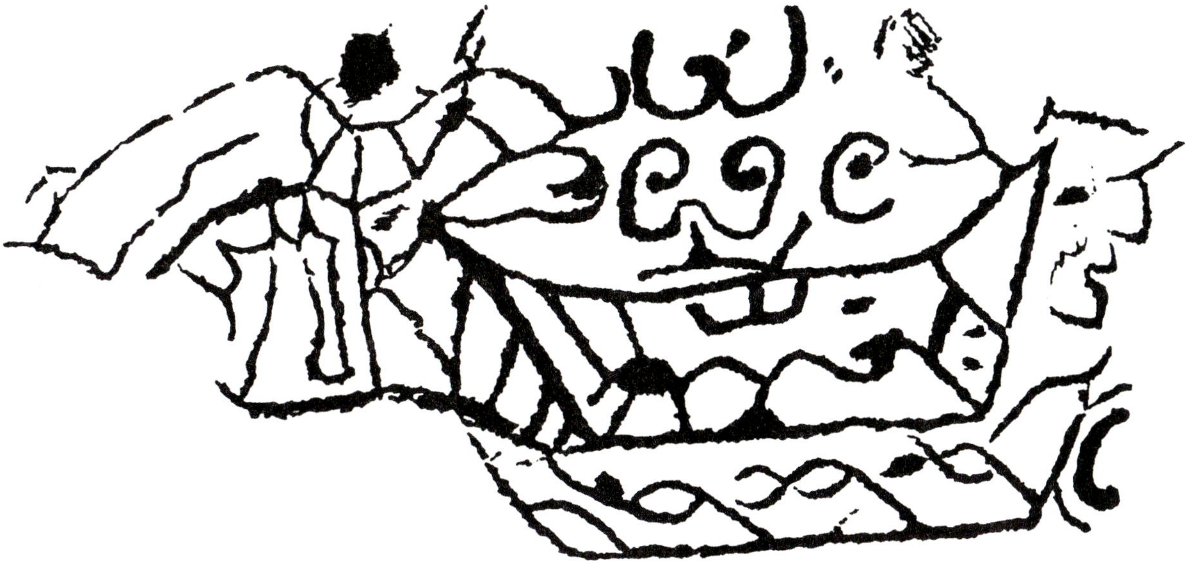

图 5-73 载王之舟(线描) 广东省珠海市宝镜湾岩画

图 5-74 船(凿刻) 广东省珠海市宝镜湾岩画

图 5-75 战国至西汉 渡船 彩绘 广西壮族自治区崇左市宁明县花山岩画

图 5-76 战国至西汉 渡船(线描) 广西壮族自治区崇左市龙州县三洲尾山岩画

图 5–77　战国至西汉　渡船　彩绘　广西壮族自治区崇左市龙州县朝船头山岩画

图 5–78　战国至西汉　渡船　彩绘　广西壮族自治区崇左市宁明县花山岩画

图 5-79　战国至西汉　渡船　彩绘(局部)　广西壮族自治区崇左市龙州县棉江花山岩画

图 5-80　战国至西汉　渡船　彩绘　广西壮族自治区崇左市龙州县棉江花山岩画

图 5-81 渡船 彩绘(局部) 广西壮族自治区崇左市龙州县渡船山岩画

图 5-82 渡船 彩绘 广西壮族自治区崇左市龙州县渡船山岩画

图 5-83 西汉 木船模型 选自《海上丝绸之路广州史迹》

图 5-84 西汉 铜鼓竞渡纹(局部) 高 36.8 厘米 面径 56.4 厘米 广西壮族自治区贵港市贵县罗泊湾 1 号西汉墓出土

图 5-85 西汉 铜鼓竞渡纹 高 36.8 厘米 面径 56.4 厘米 广西壮族自治区贵港市贵县罗泊湾 1 号西汉墓出土

图 5-86　西汉　船纹提筒(铜制)　口径 34 厘米~35.5 厘米　高 40.7 厘米
底径 33 厘米~33.5 厘米　重 10.88 千克　广州市南越王墓出土

图 5-87 西汉 铜鼓羽人竞渡纹(局部) 广西壮族自治区贺州市平桂区沙田镇出土

图 5-88 西汉 铜鼓羽人竞渡纹(局部)拓片 广西壮族自治区贵港市贵县罗泊湾 M1:11 号鼓

图 5-89 元 王振鹏 《龙池竞渡图》(局部) 绢本 台北故宫博物院藏

图 5-90 西汉 铜鼓羽人竞渡纹(局部) 广西壮族自治区百色市西林县铜鼓墓葬出土

图 5-91　南宋　李嵩《天中水戏图》(局部)　绢本设色　台北故宫博物院藏

图 5-92　元　吴廷晖《龙舟夺标图》(局部)　绢本设色　台北故宫博物院藏

图 5-93 清 《十二月令图轴》 绢本浅设色 台北故宫博物院藏

图 5-94 清 龙形楼船模型(象牙制) 长 5 厘米 高 3.6 厘米 台北故宫博物院藏

结语

中国是一个有着悠久历史的文明古国，在漫长的历史发展过程中，中华民族创造了灿烂辉煌的文化。中国古代体育也正是经历了这样漫长的发展过程而逐渐丰富起来的。由于中国古代独特的东方文化的表现方式和人文色彩，使得根植于中国古代社会政治、经济、军事、文化基础之上的中国古代体育具有浓厚的民族特色和地域特色，其中也不乏大量的宝贵遗产。它所体现出来的鲜明的时代特色与文化性格，反映了中华传统体育的多样性、多彩性。我们通过调查与研究，可以得出以下几点结论：

第一，我们认为，一切体育，无论是原始体育、古代体育还是现代体育，都存在于时间维度中，并在其中产生效应。“现在”一头连着“过去”，一头连着“未来”。“现在”不断变成“过去”，不断延续“过去”，同时不断创造“未来”，不断迈向“未来”。忽略体育在时间这一维度中的发展，体育将凝固于共时性的静止状态。体育史研究者认为，体育与其他文化因素相互影响，相互渗透，相互充实，共同发展和成长。过去、现在与未来依次递进，体育在时间的链环中演变，体现着其深刻的历史内涵。这也是本图集对我国华南地区古代体育形成的历史进行文化阐释的目的所在。

第二，作为中华民族优秀传统文化组成部分的中国古代体育文化源远流长，内涵极其丰富。作为华南地区的传统体育文化也是其重要部分之一。为此，我们数年来，往返于广东省、海南省、广西壮族自治区及港澳台各地区，以及华南地区各大城市的博物馆、档案馆、图书馆，寻觅与华南地区古代体育相关的遗物和遗迹，积累了一定的文献资料，拍摄了百余幅图片，为系统研究华南地区古代体育文物的发展开了先河，也为中国乃至世界体育史的研究提供了一些新的文物信息与资料。

第三，在研究方法上，我们除了采用考古学、文献学的方法之外，还借助先进的科技手段，把图像与体育媒介相融合，充分利用华南地区出土文物和翔实的图像资料，结合文献典籍，对华南地区的古代体育面貌形成一个全面、深入的认识。到目前为止，从先秦到明清，凡与华南地区古代体育活动有关的文物、图像、资料，我们都进行了比较透彻的研究，更进一步深化了对华南地区古代体育形态的了解，这对于我们加强对体育演变规律的动态了解有了很大的帮助。尤其是在当今对体育起源和体育形成众说纷纭、争论不休的背景下，引入体育文物图像的实证材料后，使得许多相关争论都可得到较为妥当的解决，也使我们能够根据历史文献的记载，直观地了解到当时的体育形态。

第四，《中国古代体育文物·华南卷》选有200多幅图片和数万字的研究诠释，全面反映了我国华南地区古代体育的状况和内涵，这将有助于人们进一步深入了解中国古代体育发展的轨迹和遗存的精神。

中国古代体育文化博大精深，而人们的认识、学术的探讨亦在不断发展中。展望未来，我们谨希望华南地区的古代体育文物图集研究成果，对世人了解中国古代体育文化中所体现的中国人的追寻和智慧，乃至中国古代体育文化对人类的体育文明做出的贡献尽绵薄之力。

完稿于深圳职业技术学院华侨城校区四果斋

2019 年 12 月 15 日

图版目录

图 2-10　元　《驯狮图》　台北故宫博物院藏

图 2-11　清　《灯辉绮节》(局部)　绢本设色　台北故宫博物院藏

图 2-12　宋　苏汉臣　《灌佛婴戏图》　绢本设色　台北故宫博物院藏

图 2-13　宋　苏汉臣　《秋庭婴戏图》　绢本设色　台北故宫博物院藏

图 2-14　清　《十二月令图轴》(局部)　绢本浅设色　台北故宫博物院藏

图 2-15　南宋　修内司官窑月白投壶　高 12.2 厘米　口径 2.2 厘米　深 11.3 厘米　足 4.8 厘米　台北故宫博物院藏

图 2-16　明　龙泉窑青瓷划花投壶　高 33.2 厘米　口径 9.6 厘米　底径 13.4 厘米　台北故宫博物院藏

图 2-17　《打花鼓》　台北故宫博物院藏

图 2-18　宋　苏汉臣　《长春百子图》(局部)　绢本设色　台北故宫博物院藏

图 2-19　明　仇英　《婴戏图》(局部)　绢本设色　台北故宫博物院藏

图 2-20　明　青花婴戏图梅瓶　桂林博物馆藏

图 2-21　明　青花婴戏图梅瓶　桂林博物馆藏

图 2-22　明　青花孩童纹大罐　高 34.8 厘米　口径 27 厘米　广东省博物馆藏

图 2-23　清　金廷标　《婴戏图》(局部)　纸本设色　台北故宫博物院藏

图 2-24　清　《升平乐事图》(局部)　绢本设色　台北故宫博物院藏

图 2-25　清　《升平乐事图》(局部)　绢本设色　台北故宫博物院藏

图 2-26　明　吴彬　《月令图》(局部)　绢本设色　台北故宫博物院藏

图 2-27　清　丁观鹏　《仿仇英汉宫春晓图》(局部)　台北故宫博物院藏

图 2-28　清　《十二月令图轴》(局部)　绢本浅设色　台北故宫博物院藏

图 2-29　宋　苏汉臣　《长春百子图》(局部)　绢本设色　台北故宫博物院藏

图 2-30　清　《十二月令图轴》(局部)　绢本浅设色　台北故宫博物院藏

图 2-31　清　秋千(象牙制)　台湾文渊阁藏

图 2-32　宋　苏汉臣　《长春百子图》(局部)　绢本设色　台北故宫博物院藏

图 2-33　明　仇英　《汉宫春晓图》(局部)　绢本重彩　台北故宫博物院藏

图 2-34　清　丁观鹏　《仿仇英汉宫春晓图》(局部)　台北故宫博物院藏

图 2-35　宋　苏汉臣　《长春百子图》(局部)　绢本设色　台北故宫博物院藏

图 2-36　宋　苏汉臣　《秋庭婴戏图》(局部)　绢本设色　台北故宫博物院藏

图 2-37　宋　苏汉臣　《秋庭戏婴图》(局部)　绢本设色　台北故宫博物院藏

图 2-38　宋　苏汉臣　《秋庭婴戏图》(局部)　绢本设色　台北故宫博物院藏

图 2-39　清　《生平乐事图》(局部)　绢本

设色　台北故宫博物院藏

图 2–40　宋　苏汉臣　《长春百子图》(局部)　绢本设色　台北故宫博物院藏

图 2–41　明　吴伟　《寒江钓艇图轴》　绢本　广东省博物馆藏

图 2–42　明　谢时臣　《棋渔高蹈图》(局部)　纸本设色　广州艺术博物院藏

图 2–43　明　唐寅　《溪山渔隐图卷》(局部)　绢本设色　台北故宫博物院藏

图 2–44　明　谢时臣　《棋渔高蹈图》(局部)　纸本设色　广州艺术博物院藏

图 2–45　明　谢时臣　《棋渔高蹈图》(局部)　纸本设色　广州艺术博物院藏

图 2–46　清　闵贞　《钓叟图》　绢本　桂林博物馆藏

图 2–47　宋　苏汉臣　《长春百子图》(局部)　绢本设色　台北故宫博物院藏

图 3–1　西汉　六博棋盘(铜制)　高 9 厘米　面宽 30 厘米 × 29 厘米　广西壮族自治区出土

图 3–2　汉　六博棋子(骨制)　长 2.3 厘米　宽 1.2 厘米 ~1.4 厘米　高 0.7 厘米 ~1.1 厘米　台北故宫博物院藏

图 3–3　汉　六博棋子(骨制)　长 3.4 厘米　宽 2.3 厘米　台北故宫博物院藏

图 3–4　汉　博箸　长 9.1 厘米　台北故宫博物院藏

图 3–5　汉　六博棋子(玉、水晶制)　广州市南越王墓出土

图 3–6　汉　六博棋子(象牙制)　广州市南越王墓出土

图 3–7　唐　周昉　《内人双陆图》(局部)　绢本设色　台北故宫博物院藏

图 3–8　宋　苏汉臣　《长春百子图》(局部)　绢本设色　台北故宫博物院藏

图 3–9　宋　银提梁壶　通高 31.5 厘米　口径 8 厘米　台北故宫博物院藏

图 3–10　南宋　刘松年　《十八学士图》(局部)　台北故宫博物院藏

图 3–11　明　青花婴戏弈乐图梅瓶　桂林博物馆藏

图 3–12　明　青花婴戏弈乐图梅瓶　桂林博物馆藏

图 3–13　明　仇英　《蓬莱仙弈图》　绢本设色　台北故宫博物院藏

图 3–14　明　仇英　《汉宫春晓图》(局部)　绢本重彩　台北故宫博物院藏

图 3–15　明　剔红山水人物圆盒（漆器）　径 13.8 厘米　器厚 0.6 厘米　台北故宫博物院藏

图 3–16　明　五彩百子人物纹罐（瓷器）　广东省博物馆藏

图 3–17　明　青花高士弈乐图梅瓶　桂林博物馆藏

图 3–18　明　青花婴戏弈乐图梅瓶　桂林博物馆藏

图 3–19　清　丁观鹏　《仿仇英汉宫春晓图》(局部)　绢本设色　台北故宫博物院藏

图 3–20　清　苏六朋　《蕉园对弈图》　纸本墨色　广州博物馆藏

图 3-21　清　苏六朋《东山报捷图》纸本　广州美术馆藏

图 3-22　清　斗彩人物纹瓷瓶　广东省博物馆藏

图 3-23　清　竹林七贤竹雕笔筒　径 13.7 厘米　高 15.6 厘米　台北故宫博物院藏

图 3-24　清　粉彩山水人物图笔筒(瓷器)　高 13.9 厘米　口径 18.8 厘米　广东省博物馆藏

图 3-25　清　剔红园林人物圆盒(漆器)　径 8.5 厘米　高 7.5 厘米　台北故宫博物院藏

图 3-26　清　青花弈棋笔筒　高 19.6 厘米　口径 19 厘米　腹围 59.5 厘米　底径 18.3 厘米　桂林博物馆藏

图 3-27　清　苏六朋　雅集图折扇面　纸本设色　纵 19 厘米　横 54 厘米　桂林博物馆藏

图 3-28　清　内廷生活俑及器具　广东省博物馆藏

图 3-29　清　内廷生活俑及器具(局部)　广东省博物馆藏

图 4-1　战国至西汉　腰佩环首刀武士(局部)　彩绘　广西壮族自治区崇左市宁明县花山岩画

图 4-2　战国至西汉　腰佩环首刀武士(局部)　彩绘　广西壮族自治区崇左市宁明县花山岩画

图 4-3　战国至西汉　腰佩环首刀武士(局部)　彩绘　广西壮族自治区崇左市宁明县花山岩画

图 4-4　战国至西汉　腰佩环首刀武士　彩绘　广西壮族自治区崇左市扶绥县大银瓮山岩画

图 4-5　战国至西汉　持长矛巫觋　彩绘　广西壮族自治区崇左市宁明县花山岩画

图 4-6　战国至西汉　腰挂长武器骑士　彩绘　广西壮族自治区百色市靖西市岜穠山岩画

图 4-7　战国至西汉　武士　彩绘　广西壮族自治区崇左市扶绥县岜来山岩画

图 4-8　战国至西汉　手执狼牙棒骑士(局部)　彩绘　广西壮族自治区来宾市金秀瑶族自治县帽合山岩画

图 4-9　战国至西汉　佩剑武士　彩绘　广西壮族自治区崇左市宁明县花山岩画

图 4-10　有格无首剑图像

图 4-11　战国至西汉　佩剑武士　彩绘　广西壮族自治区崇左市宁明县花山岩画

图 4-12　有首无格剑图像

图 4-13　战国至西汉　佩剑武士　彩绘　广西壮族自治区崇左市宁明县花山岩画

图 4-14　无格无首剑图像

图 4-15　战国至西汉　佩剑骑马人物　彩绘　广西壮族自治区崇左市宁明县花山岩画

图 4-16　战国至西汉　佩剑女巫　彩绘　广西壮族自治区崇左市宁明县花山岩画

图 4-17　战国至西汉　手持短剑武士　彩绘　广西壮族自治区崇左市扶绥县红岩山岩画

图 4-18　战国至西汉　腰佩长剑人物　彩绘　广西壮族自治区崇左市江州区大湾山岩画

图 4–19　战国至西汉　扁茎短剑　彩绘　广西壮族自治区崇左市宁明县花山岩画

图 4–20　战国至西汉　佩剑武士　彩绘　广西壮族自治区崇左市宁明县花山岩画

图 4–21　战国至西汉　佩剑武士　彩绘　广西壮族自治区崇左市宁明县花山岩画

图 4–22　新石器时代末期　骨刀　长 21 厘米　宽 2.9 厘米　厚约 0.2 厘米　台北故宫博物院藏

图 4–23　新石器时代　石镞　长 7.9 厘米　宽 2.1 厘米　厚 0.6 厘米　惠州博物馆藏

图 4–24　新石器时代晚期　石锛　左长 5.3 厘米　刃宽 5.2 厘米　厚 1.3 厘米　右长 7.5 厘米　刃宽 4.2 厘米　厚 2 厘米　广东省佛山市石湾区澜石镇河宕遗址出土

图 4–25　新石器时代晚期　石钺　长 30.2 厘米　刃宽 11.9 厘米　厚 0.5 厘米 ~0.8 厘米　广东省韶关市曲江区马坝镇石峡遗址 47 号墓出土

图 4–26　新石器时代晚期　石钺　长 22.5 厘米　刃宽 12 厘米　厚 0.7 厘米　广东省韶关市曲江区马坝镇石峡遗址 42 号墓出土

图 4–27　新石器时代晚期　石钺　长 16.7 厘米　刃宽 10.6 厘米　厚 0.8 厘米　广东省韶关市曲江区马坝镇石峡遗址出土

图 4–28　夏　石戈　长 20 厘米　宽 5.8 厘米　厚 0.7 厘米　广东省潮州市潮安区贝丘遗址出土

图 4–29　夏　石戈　长 23 厘米　宽 5.5 厘米　厚 0.6 厘米　广东惠阳龙舟山出土

图 4–30　夏　石矛　长 20.5 厘米　宽 6.7 厘米　厚 2.2 厘米　广东省惠州市博罗县角洞水库出土

图 4–31　商末或周初　蝉纹弓形器　长 32.7 厘米　身长 19.3 厘米　台北故宫博物院藏

图 4–32　商周　骨镞　长 5.5 厘米　台北故宫博物院藏

图 4–33　西周　成周戈　长 24.1 厘米　台北故宫博物院藏

图 4–34　西周　斜形青铜钺　广西壮族自治区南宁市宾阳县出土

图 4–35　西周　侯戟　长 26.8 厘米　台北故宫博物院藏

图 4–36　西周　铜箭镞　广西壮族自治区武鸣区元龙坡古墓葬群遗址出土

图 4–37　春秋战国期间　青铜短剑　长 29.4 厘米　广州市东郊暹岗遗址出土

图 4–38　春秋战国期间　青铜戈　长 18.5 厘米　广州市东郊暹岗遗址出土

图 4–39　春秋晚期　蔡侯产戈　长 31 厘米　台北故宫博物院藏

图 4–40　春秋晚期　越王州勾剑　长 49.5 厘米　台北故宫博物院藏

图 4–41　战国　河南矛　长 12.1 厘米　台北故宫博物院藏

图 4–42　战国　铜戈　广西壮族自治区南宁市邕宁区出土

图 4–43　战国　长刺连钩铜戟　长 37.3 厘米　宽 27 厘米　广东省博物馆藏

图 4–44　战国　青铜斧　长 6.7 厘米　刃

宽 4.1 厘米　广东省肇庆市广宁县铜鼓岗 M21 号墓出土

图 4–45　战国　铜剑　广西壮族自治区南宁市武鸣区安等秧墓葬群 M41 号墓出土

图 4–46　战国　铜剑　广西壮族自治区南宁市武鸣区安等秧墓葬群 M84 号墓出土

图 4–47　战国　青铜剑　高 50.2 厘米　台北故宫博物院藏

图 4–48　战国　靴型钺　南宁博物馆藏

图 4–49　战国　四穿回纹铜戈　广西壮族自治区亭子圩出土

图 4–50　战国　扁茎铜短剑　广西壮族自治区南宁市武鸣区出土

图 4–51　战国　铜矛　广西壮族自治区南宁博物馆藏

图 4–52　战国　铜矛　广西壮族自治区南宁市武鸣区安等秧墓葬群 M14 号墓出土

图 4–53　战国　铜矛　广西壮族自治区南宁市武鸣区安等秧墓葬群 M14 号墓出土

图 4–54　战国　云雷纹铜矛　广西壮族自治区南宁市武鸣区安等秧墓葬群 M14 号墓出土

图 4–55　战国　双棱细脊铜矛　通长 15.2 厘米　刃宽 4 厘米　南宁博物馆藏

图 4–56　战国　波浪纹铜钺　广西壮族自治区南宁市武鸣区出土

图 4–57　战国　双肩铜钺　广西壮族自治区南宁市武鸣区出土

图 4–58　秦　铜箭簇　广州市秦代造船厂遗址出土

图 4–59　秦　“张义”铜戈　长 22.3 厘米　广州市象岗南越王墓出土

图 4–60　秦　“张义”铜戈（局部）　广州市象岗南越王墓出土

图 4–61　秦　“十四年属邦”戈　通长 26 厘米　援长 16.3 厘米　广州市区庄螺岗木椁墓出土

图 4–62　秦　“十四年属邦”戈（局部）　广州市区庄螺岗木椁墓出土

图 4–63　汉　铜刀　长 11.2 厘米　广东省湛江市徐闻县出土

图 4–64　汉　铜钺　长 8.2 厘米　宽 6.1 厘米　广东省湛江市徐闻县出土

图 4–65　西汉　玉具剑　广州市象岗南越王墓出土

图 4–66　汉　弩机　高 8.7 厘米　台北故宫博物院藏

图 4–67　西汉　鎏金铜弩机　广州市象岗南越王墓出土

图 4–68　唐　武士像（木雕）　高 24 厘米　广州市光孝寺藏

图 4–69　唐　武士像（木雕）　高 29.6 厘米　广州市光孝寺藏

图 4–70　东汉　琉璃剑璏　纵 2.2 厘米　横 10.2 厘米　广西壮族自治区北海市合浦县博物馆藏

图 4–71　清　公孙大娘舞剑器（象牙雕）　高 27.7 厘米　台北故宫博物院藏

图 4–72　清　画珐琅双耳蒜头瓶　高 20.2 厘米　口径 2.6 厘米　足径 7.4 厘米　台北故宫博物院藏

图 4-73　西汉　漆画铜鉴　高 13.5 厘米　口径 50 厘米　广西壮族自治区贵港市贵县罗泊湾 1 号汉墓出土

图 4-74　汉　兵器簿简牍　纵 25 厘米　横 91 厘米　台湾“中央研究院”历史语言研究所藏

图 4-75　明　《阅操图》　纸本设色　台北故宫博物院藏

图 4-76　西汉　漆画铜鉴(局部)　广西壮族自治区贵港市贵县罗泊湾 1 号汉墓出土

图 4-77　元　单骑救主图罐　高 30 厘米　口径 22 厘米　底径 19.5 厘米　民间收藏

图 5-1　战国至西汉　狩猎图　广西壮族自治区崇左市大新县猴山岩画

图 5-2　三国时期　《孔明将君(军)出行图》(线描)　族鼓 78 号鼓　广西民族博物馆藏

图 5-3　五代　李赞华　《射骑图》(局部)　绢本设色　台北故宫博物院藏

图 5-4　南宋　陈居中　《平原射鹿图》(局部)　绢本设色　台北故宫博物院藏

图 5-5　南宋　陈居中　《出猎图》(局部)　绢本设色　台北故宫博物院藏

图 5-6　南宋　陈居中　《出猎图》(局部)　绢本设色　台北故宫博物院藏

图 5-7　元　《秋猎图》　绢本设色　台湾私人收藏

图 5-8　辽　《出猎图》(局部)　绢本　台北故宫博物院藏

图 5-9　宋　元人画平原归猎　绢本设色　台北故宫博物院藏

图 5-10　元　刘贯道　《元世祖出猎图》(局部)　绢本设色　台北故宫博物院藏

图 5-11　明　《郊猎图》　纸本设色　广东省博物馆藏

图 5-12　明　《鹰猎图》(局部)　绢本设色　台北故宫博物院藏

图 5-13　清　五彩描金狩猎图盘　高 5.8 厘米　口径 35.8 厘米　底径 21.5 厘米　桂林博物馆藏

图 5-14　清　仿成化款青花人物纹瓣口盘　广东省博物馆藏

图 5-15　清　《徐晃射锦袍》(木雕)　广东省博物馆藏

图 5-16　清　《缂丝群仙献寿图》(局部)　绢本　台北故宫博物院藏

图 5-17　明　仇英　《解马弯弓图》　绢本设色　台北故宫博物院藏

图 5-18　明　周全　《射雉图》　绢本设色　台北故宫博物院藏

图 5-19　清　粉彩人物纹盘口瓶　广东省博物馆藏

图 5-20　宋　苏汉臣　《长春百子图》(局部)　绢本设色　台北故宫博物院藏

图 5-21　宋　苏汉臣　《长春百子图》(局部)　绢本设色　台北故宫博物院藏

图 5-22　战国至西汉　骑马者　广西壮族自治区崇左市大新县岜淑山岩画

图 5-23　战国至西汉　骑马者　广西壮族自治区百色市靖西市东山岩画

图 5-24　战国至西汉　骑马图　广西壮族

自治区崇左市天等县岜连山岩画

图 5-25　男觋(磨刻)　广东省珠海市宝镜湾岩画

图 5-26　男觋(临摹)　广东省珠海市宝镜湾岩画

图 5-27　甩袖女巫(磨刻)　广东省珠海市宝镜湾岩画

图 5-28　甩袖女巫(临摹)　广东省珠海市宝镜湾岩画

图 5-29　舞人(磨刻)　广东省珠海市宝镜湾岩画

图 5-30　舞人(临摹)　广东省珠海市宝镜湾岩画

图 5-31　战国至西汉　祈祷战争胜利(局部)　彩绘　广西壮族自治区崇左市宁明县花山岩画

图 5-32　战国至西汉　祈祷战争胜利(局部)(线描)　广西壮族自治区崇左市宁明县花山岩画

图 5-33　战国至西汉　祭铜鼓(局部)彩绘　广西壮族自治区崇左市宁明县花山岩画

图 5-34　战国至西汉　祭铜鼓(局部)(线描)　广西壮族自治区崇左市宁明县花山岩画

图 5-35　战国至西汉　祭鬼神(局部)　彩绘　广西壮族自治区崇左市宁明县花山岩画

图 5-36　战国至西汉　祭鬼神(局部)(线描)　广西壮族自治区崇左市宁明县花山岩画

图 5-37　战国至西汉　祈祷战争胜利(局部)　彩绘　广西壮族自治区崇左市灯笼山岩画

图 5-38　战国至西汉　祭祀舞蹈(局部)　彩绘　广西壮族自治区崇左市洪山岩画

图 5-39　战国至西汉　祭祀舞蹈(局部)　彩绘　广西壮族自治区崇左市三洲头山岩画

图 5-40　战国至西汉　武舞舞者(局部)　彩绘　广西壮族自治区崇左市宁明县花山岩画

图 5-41　西汉　玉舞人　广州市出土

图 5-42　西汉　玉舞人　高 3.5 厘米　广州市象岗南越王墓出土

图 5-43　西汉　玉舞人　高 6.9 厘米　广州市西村凤凰岗出土

图 5-44　东汉后期　陶舞俑　高 38 厘米　广州市先烈路出土

图 5-45　西汉早期　铜鼓羽人舞蹈纹　广西壮族自治区百色市西林县铜鼓墓葬出土

图 5-46　战国至西汉　铜鼓羽人舞蹈纹　广西壮族自治区贵港市贵县罗泊湾出土

图 5-47　西汉　铜鼓羽人舞蹈纹　广西西林 280 号鼓　广西民族博物馆藏

图 5-48　魏晋　玉乐舞人　台湾日月坊藏

图 5-49　唐　《唐人宫乐图》　绢本设色　台北故宫博物院藏

图 5-50　明　五彩百子人物纹罐(瓷器)(局部)　广东省博物馆藏

图 5-51　清　苏六朋　《知音图》　纸本设色　广州博物馆藏

图 5-52　明　唐寅　《仿唐人仕女图》　台北故宫博物院藏

图 5-53　清　五彩吹奏图瓷碗　广州博物馆藏

图 5-54 清 丁观鹏 《仿仇英汉宫春晓图》(局部) 绢本设色 台北故宫博物院藏

图 5-55 明 仇英 《汉宫春晓图》(局部) 绢本设色 台北故宫博物院藏

图 5-56 清 《秦淮邀笛图》 绢本设色 香港民间收藏

图 5-57 清 五彩乐舞图瓷瓶 香港民间收藏

图 5-58 清 《汉宫春晓图》(局部) 绢本设色 台北故宫博物院藏

图 5-59 西汉 陶胡人托灯俑 选自《海上丝绸之路广州史迹》

图 5-60 西汉后期 俑座陶灯 高 24.7 厘米 广东省广州市郊大元岗出土

图 5-61 东汉 胡人俑座陶灯 灯盘直径 10.6 厘米 通高 20 厘米 广西壮族自治区北海市合浦县博物馆藏

图 5-62 西汉后期 胡人俑座陶灯 大元岗汉墓出土 广州博物馆藏

图 5-63 东汉 胡人俑座陶灯 选自《海上丝绸之路广州史迹》

图 5-64 东汉 胡人俑座陶灯 通高 28 厘米 盏口径 11 厘米 宽 18 厘米 广州博物馆藏

图 5-65 东汉 胡人俑座陶灯 广州博物馆藏

图 5-66 宋 苏汉臣 《长春百子图》(局部) 绢本设色 台北故宫博物院藏

图 5-67 宋 黄卷 《蹴鞠图》 镜心 绢本 民间收藏

图 5-68 明 文徵明 《仿宋太祖蹴鞠图》 纸本设色 台北念圣楼藏

图 5-69 宋 苏汉臣 《长春百子图》(局部) 绢本设色 台北故宫博物院藏

图 5-70 人与船 广东省珠海市高栏岛岩画

图 5-71 船 广东省珠海市高栏岛岩画

图 5-72 载王之舟(凿刻) 广东省珠海市宝镜湾岩画

图 5-73 载王之舟(线描) 广东省珠海市宝镜湾岩画

图 5-74 船(凿刻) 广东省珠海市宝镜湾岩画

图 5-75 战国至西汉 渡船 彩绘 广西壮族自治区崇左市宁明县花山岩画

图 5-76 战国至西汉 渡船(线描) 广西壮族自治区崇左市龙州县三洲尾山岩画

图 5-77 战国至西汉 渡船 彩绘 广西壮族自治区崇左市龙州县朝船头山岩画

图 5-78 战国至西汉 渡船 彩绘 广西壮族自治区崇左市宁明县花山岩画

图 5-79 战国至西汉 渡船 彩绘(局部) 广西壮族自治区崇左市龙州县棉江花山岩画

图 5-80 战国至西汉 渡船 彩绘 广西壮族自治区崇左市龙州县棉江花山岩画

图 5-81 渡船 彩绘(局部) 广西壮族自治区崇左市龙州县渡船山岩画

图 5-82 渡船 彩绘 广西壮族自治区崇左市龙州县渡船山岩画

图 5-83 西汉 木船模型 选自《海上丝

绸之路广州史迹》

图 5–84　西汉　铜鼓竞渡纹(局部)　高 36.8 厘米　面径 56.4 厘米　广西壮族自治区贵港市贵县罗泊湾 1 号西汉墓出土

图 5–85　西汉　铜鼓竞渡纹　高 36.8 厘米　面径 56.4 厘米　广西壮族自治区贵港市贵县罗泊湾 1 号西汉墓出土

图 5–86　西汉　船纹提筒(铜制)　口径 34 厘米 ~35.5 厘米　高 40.7 厘米　底径 33 厘米 ~33.5 厘米　重 10.88 千克　广州市南越王墓出土

图 5–87　西汉　铜鼓羽人竞渡纹(局部)　广西壮族自治区贺州市平桂区沙田镇出土

图 5–88　西汉　铜鼓羽人竞渡纹(局部)拓片　广西壮族自治区贵港市贵县罗泊湾 M1:11 号鼓

图 5–89　元　王振鹏　《龙池竞渡图》(局部)　绢本　台北故宫博物院藏

图 5–90　西汉　铜鼓羽人竞渡纹(局部)　广西壮族自治区百色市西林县铜鼓墓葬出土

图 5–91　南宋　李嵩　《天中水戏图》(局部)　绢本设色　台北故宫博物院藏

图 5–92　元　吴廷晖　《龙舟夺标图》(局部)　绢本设色　台北故宫博物院藏

图 5–93　清　《十二月令图轴》　绢本浅设色　台北故宫博物院藏

图 5–94　清　龙形楼船模型(象牙制)　长 5 厘米　高 3.6 厘米　台北故宫博物院藏

参考文献

[1] 广州市文化局编. 羊城文物珍藏选[M]. 广州：广州市文化局，1997.

[2] 广东省博物馆编. 广东省博物馆藏品选[M]. 北京：文物出版社，1999.

[3] 梁二平. 海上丝绸之路 2000 年[M]. 上海：上海交通大学出版社，2016.

[4] 王巍. 中国考古学大辞典[M]. 上海：上海辞书出版社，2014.

[5] 袁钟仁. 广州海上丝绸之路[M]. 广州：广东人民出版社，2016.

[6] 孙机. 汉代物质文化资料图说[M]. 上海：上海古籍出版社，2008.

[7] 崔乐泉. 图说中国古代体育[M]. 西安：世界图书出版西安公司，2007.

[8] 李金梅，李重申. 丝绸之路体育图录[M]. 兰州：甘肃教育出版社，2008.

[9] 广东文物展览会编. 广东文物（上、中、下册）[M]. 广州：广东人民出版社，2013.

[10] 崔乐泉. 图说中国古代百戏杂技[M]. 西安：世界图书出版西安公司，2007.

[11] 王永平. 游戏、竞技与娱乐：中古社会生活透视[M]. 北京：中华书局，2010.

[12] 中国人民政治协商会议广西壮族自治区委员会、广西壮族自治区文化厅编. 左江花山岩画文化景观图典[M]. 南宁：广西人民出版社，2019.

[13] 吴崇基，罗坤馨，蔡荭. 古代铜鼓装饰艺术[M]. 北京：文物出版社. 2018.

[14] [美]高居翰（James Cahill），李渝译. 图说中国绘画史 [M]. 北京：生活.读书.新知三联书店，2014.

[15] 陈兆复，邢琏. 中华图像文化史（岩画卷）[M]. 北京：中国摄影出版社，2017.

[16] 孙凌晨. 中国岩画[M]. 长春：吉林文

史出版社，2009.

[17] 陈兆复. 中国岩画发现史［M］. 上海：上海人民出版社，1991.

[18] 肖一亭. 南海探古：肖一亭文物考古文集［C］. 北京：文物出版社，2016.

[19] 广西壮族自治区民族研究所. 广西左江流域崖壁画考察与研究[M]. 南宁：广西民族出版社，1987.

[20] 王良范，罗晓明. 中国岩画·贵州［M］. 北京：中国国际广播出版社，2010.

[21] 陈兆复. 古代岩画[M]. 北京：文物出版社，2002.

[22] 李祥石. 解读岩画[M]. 银川：宁夏人民出版社，2012.

[23] 刘锡诚. 原始艺术与民间文化[M]. 北京：中国民间文艺出版社，1988.

[24] 李金梅，路志峻. 唐诗宋词中的体育［M］. 兰州：甘肃教育出版社，2016.

[25] 孙麒麟，毛丽娟，李重申. 中国古代体育图录[M]. 兰州：甘肃教育出版社，2015.

[26] 李红雨. 一本书读懂中国古代休闲娱乐[M]. 北京：中华书局，2014.

[27] 张宏梅. 唐代的节日与习俗［M］. 太原：山西人民出版社，2010.

[28] 乔继堂，朱瑞平，任明. 中国岁时节令辞典[M]. 北京：中国社会科学出版社，1998.

[29] 广州市文物考古研究所编. 海上丝绸之路广州史迹[M]. 广州：广州出版社，2017.

[30] 李世源. 珠海宝镜湾岩画判读[M]. 北京：文物出版社，2002.

[31] 吴秋林. 图像文化人类学［M］. 北京：民族出版社，2010.

[32] 崇左市左江花山岩画文化景观申报世界文化遗产工作领导小组办公室编. 左江花山岩画文化景观（崇左篇）［M］. 南宁：广西人民出版社，2015.

[33] 中国岩画全集编辑委员会. 中国岩画全集 4：南部岩画［M］. 沈阳：辽宁美术出版社，2007.

[34] 陈炎，仪平策. 中国审美文化史：秦汉魏晋南北朝卷［M］. 济南：山东画报出版社，2007.

[35] 黄惇，陈瑞瑞. 艺术中国：舞蹈卷［M］. 南京：南京大学出版社，2016.

[36] 李重申，李金梅，陈小蓉. 敦煌古代体育图录[M]. 兰州：甘肃教育出版社，2011.

[37]天津博物馆编. 动·境：中华古代体育文物展[M]. 北京：科学出版社，2017.

[38] 盖山林. 中国岩画[M]. 广州：广东旅游出版社，2004.

[39] 国家文物局编. 海上丝绸之路[M]. 北京：文物出版社，2014.

[40] 陈远璋. 从左江崖画看壮族先民的审美意识[J]. 民族艺术，1986(2).

[41] 李洪甫. 论中国东南地区的岩画[J]. 东南文化，1994(4).

[42] 农学坚，王梦祥. 岭南铜鼓鉴赏[J]. 文物天地，2018(11).

[43] 陆秋燕. 广西民族博物馆藏双乘骑羽人纹铜鼓[J]. 文物天地，2018(11).

后 记

在本重大项目立项至完成过程中，承蒙全国哲学社会科学工作办公室，包括课题首席专家上海体育学院毛丽娟教授所给予的一切支持，充满感激！

本次获批的国家社科基金重大项目《中国古代体育文物调查与数据库建设》，我们承担了其中的子课题《华南地区古代体育文物调查研究》。由于华南地区特别是港澳台地区对于古代体育的文献记载甚少，因此对华南各地域古代体育的研究，就不得不依靠丰富的考古资料。在一定程度上弥补了传世文献的不足，也受到学界的广泛关注，自然成为我们研究华南地区古代体育形态的重要依据。

本子课题组成员在考察华南地区古代体育文物的过程中，以体育考古的方法论为指导，贯通考古学和体育史的方法与手段，对华南地区体育文物展开了比较全面的研究。其中既有对前辈时贤观点的参考与引申，又有我们自己独立的思考，全面重现了我国华南地区古代体育真实而鲜活的历史画面。本次华南地区古代体育文物的调查与研究，在华南地区也尚属首次。

在研究过程中，我们得到了兰州理工大学李重申教授的直接指导和引领，在此我们满怀敬意地表示感谢！

衷心感谢兰州大学郑炳林教授、杜海教授对研究成果的发表所给予的支持。

最后，衷心感谢深圳职业技术学院科研处对本项目研究过程中给予的极大的关照、支持和热情的帮助。

编 者

2019 年 12 月